세밀한 일러스트와
희귀 사진으로 본
근대 조선

세밀한 일러스트와
희귀 사진으로 본
근대 조선

김장춘 Jangchoon Kim 엮음

Korea Illustrated by British Weeklies 1858~1911

살림

··· 발간사

서구의 시선으로 본 근대한국

　세계에서 차지하는 한국의 위상이 과거에 비해서 현저히 높아졌고, 문화 교류도 활발해지는 시대입니다. 지구를 하나로 묶는 세계화가 진행되면서 민족 간의 경쟁도 더 치열해지는 한편으로 상호 소통과 이해의 필요성도 커져가고 있습니다. 동시에 우리와 타자 사이의 경계가 희미해지고 정체성의 위기도 더 절박한 느낌으로 다가오고 있습니다. 이런 때일수록 세계 속에서 우리가 누구인지, 타자의 시선에 비친 우리의 모습은 어떤지 되물어 보는 것이 중요합니다.

　이번에 발간하는 '그들이 본 우리 총서 Korean Heritage Books'는 이 시대에 꼭 필요한 일 중 하나가 이 '되물음'이라는 인식에서 기획되었습니다. 이 총서에는 서양인이 우리를 인식하고 표현하기 시작한 16세기부터 20세기 중엽까지 한국이 근대 국가로 형성되는 과정에서 그들이 묘사한 과거의 우리를 확인할 수 있습니다. 그리고 그들의 서술이나 묘사를 통해 한국이 어떻게 세계에 비쳐졌으며, 어떻게 우리가 '한국인'으로 구성되어 갔는지를 엿볼 수 있습니다. 오늘의 우리가 형성되는 과정을 이해하는 데 있어서 이 자료들은 하나하나가 매우 귀중한 보고서입니다.

　이 총서를 통해 소개되는 도서는 한국문학번역원이 명지대-LG연암문고와 협력하여 이 문고가 수집한 1만여 점의 고서 및 문서, 사진 등에서 엄선한 100종으로 구성되어 있습니다. 한국문학번역원은 2005년에 전문가들로 도서선정위원회를 구성하고 많은 논의를 거쳐 번역할 만한 가치가 있는 서양 고서들을 선별했습니다. 1995년에 발족한 명지대-LG연암문고는 그동안 이 희귀본들을 수집 정리하는 데 많은 시간과 비용을 들였습니다. 이제 이 가운데 핵심적인 자료들이 번역 출간되어 일반에 공개됨으로써 우리 문화와 학문을 되돌아보고 이해함에 있어서 훌륭한 자양분이 될 것으로 기대합니다.

한국문학번역원은 우리의 문화를 해외에 알리고 전파하는 것을 기본 목적으로 하고 있는 기관입니다만, '우리'를 그들에게 제대로 알리기 위해서라도 '그들'이 본 '우리'를 점검해 보는 일이 꼭 필요하다고 봅니다. 이 총서의 번역 출간을 계기로 한국문학번역원은 문화의 쌍방향적 소통을 위해 더욱 노력하고자 합니다.

이 총서 발간을 위해서 애써 주신 명지학원 유영구 이사장님과 문고 관계자들, 선정에 참여하신 명지대 정성화 교수를 비롯한 여러 선생님들, 성실한 번역으로 도서의 가치를 높여 주신 번역자 여러분, 그리고 출판을 맡은 살림출판사에 감사의 말씀을 전합니다. 앞으로 이 총서가 관련 분야의 귀중한 자료로서만이 아니라 독자들에게 재미있는 읽을거리로 자리 잡을 수 있기를 바랍니다.

2008년 3월
한국문학번역원장 윤지관

··· 서문

저자가 영국 주간 화보와 처음 인연을 맺게 된 것은 30년 전의 일이다. 1977년, 런던대학교 아시아–아프리카학 대학원(SOAS : School of Oriental and African Studies, University of London)에서 한영외교사로 졸업 논문을 쓰고 있을 때였다. 자전거를 타고 런던의 한 지역을 지나가다 차도 위에 아무렇게나 널려져 있는 『그래픽The Graphic』을 발견했다. 비도 맞고 행인의 발에 채이면서 여기저기 다 헤진 『그래픽』. 그 두꺼운 표지 속에 깨끗이 보전된 한국의 삽화들을 처음 발견했을 때 나의 가슴은 마구 뛰었다. 100년 전의 조선인이 삽화로부터 조용히 걸어 나와 나에게 말을 걸고 있는 것 같았다. 얼마냐고 묻자 주인이 다섯 손가락을 펴 보인다. 5파운드! 내겐 거금이었다. 적어도 당시 나의 경제사정을 고려해볼 때 그랬다. 하지만 나는 무리를 해서 거금 5파운드를 내놓았다. 내 곁에 두고 언제든지 그들을 만나볼 수 있도록 말이다. 나와 조선인들과의 인연은 그렇게 시작되었다. 고서로, 고지도로 그리고 옛날 신문으로. 이렇게 모으기 시작한 것이 지금은 권당 200파운드에서 1000파운드에 달하는 귀중본이 되었다.

당시 런던 시티구의 패링던 로드Farringdon Road에는 매주 토요일, 수레에 헌책을 산더미처럼 쌓아 놓고 경매를 하는 이가 있었다. 길거리니까 책방이라 할 수는 없고 글자 그대로 노점이었다. 그곳에 수레 두 대로도 모자라 넘치는 책들이 수레 밑에 아무렇게나 내던져져 있었다. 하지만 구청에서 정식으로 허가를 받아 운영하고 있는 것이기 때문에 차도에 수레를 일 년 내내 세워두어도 뭐라 하는 이가 없었다.

우연히 발견한 장소였는데 나중에 알고 보니 런던의 대단한 명물이었다. 나는 단골 고객 수십 명 중 유일한 동양인으로 토요일마다 10시 경매에 빠짐없이 맞추어 나갔다. 처음에는 돈이 충분치 않아 원하는 것을 다 살 수가 없었다. 망설이다 보면 책들이 없어져 버리기 일쑤였다.

헌책이나 헌 신문에서 낱장으로 뜯어낸 것들이 박스에 담겨져 있었는데 대부분 흑백으로 된 삽화와 지도들이었다. 처음엔 그 진가를 몰랐다. 게다가 그곳 주인은 특이한 경매 방식을 고수했는데 나는 그것을 잘 이해하지 못했다. 그의 경매 방식은 이러했다. 그가 책을 한 권 손에 들고 간단한 서지사항을 말하고 나서 "** 파운드!" 하고 액수를 부른다. 그때 누구든 먼저 책을 잡아채는 사람이 주인이 된다. 파는 사람이나 사는 사람이 사전에 그 책의 가치를 조사해두었거나 알고 있는 게 분명했다. 그리고 그 가격은 원하는 사람에게 충분히 할인될 수 있도록 제공된다. 중간 상인이라면 다른 데 충분한 이윤을 남기고 팔

수도 있는 가격이다. 동시에 여러 명이 책을 잡을 때가 있다. 그때는 주인이 결정권을 지닌다. 나도 차차 여유가 생겨 그 경매에서 성공하는 날이 점점 많아졌다.

그 후 『그래픽』보다 26년 일찍 창간된 『런던뉴스The Illustrated London News』라는 주간 화보가 존재한다는 것을 알고, 그것도 찾아 나섰다. 한국 관련 고서도 아울러 수집했다. 매일 매일 소풍날 보물찾기에서 보물이라도 찾은 양 의기양양하게 집으로 돌아왔다. 울릉도와 독도를 각각 다즐레Dagelet와 리앙쿠르Liancourt라 명명한 라페루즈La Perouse 항해기의 조선 탐사 지도 네 장도 그때 그곳에서 헐값으로 구입했다. 그렇게 해서 나의 고서 고지도 수집벽은 깊어 가기만 했다.

그다음은 런던 시내 호텔에서 정규적으로 열리는 〈북페어Book Fair〉〈맵페어Map Fair〉〈이페메라페어Ephemera Fair〉를 비롯해 전국에서 열리는 〈앤티크페어Antique Fair〉를 찾아다녔고 나중에는 런던서 두세 시간 거리에 있는 헌책방이란 헌책방은 모두 찾아다녔다.

런던의 코번트 가든Covent Garden과 엔젤Angel의 골동품 시장에 가면 옛날 주간 화보를 낱장으로 구할 수 있다. 또한 사이프러스 출신의 부자父子가 런던 북부의 테라스드 하우스(연립주택)에서 화보신문 삽화의 낱장 장사만 전문으로 하고 있었다. 그곳을 방문해 그들이 차고에서 신문을 면도칼로 하나하나 잘라내는 것을 보고 도살장에 들어온 것처럼 속이 메슥거리고 답답해지는 것을 느꼈다. 그들은 완벽하게 철이 된 신문을 구입하는 게 아니라 이미 몇 장씩 없어져 불완전한 것을 사다가 분해해 주제별, 국적별로 나눈 뒤 전문 수집가나 해당국의 대사관과 대기업에 보내는 일을 하고 있었다. 그들은 이들에게 "100년 전 당신들 나라 삽화가 있으니 관심 있으면 연락주십시오"라고 정중하게 편지를 보낸다고 했다. 그러면 영락없이 부르는 대로 값을 지불하고 그렇게 귀한 삽화를 찾아줘서 고맙다는 감사의 편지가 날라온다는 것이다. 실제 대사관 편지들을 보여주며 자랑스러워하던 모습이 생각난다. 그들이 그 일을 하면서 얼마나 이득을 남기는지는 모르겠지만 고서나 고지도첩을 비롯해 옛 신문을 난도질하는 건 좀 너무하다 싶었다.

영국 유학 21년 만인 1995년 2월에 귀국, 1995년 3월, 경주대학교 관광영어과로 부임한 후 3학기째를 가르치던 1996년 봄, 학교법인 명지학원 유영구 이사장님의 부름으로 귀한 인연을 맺고 '한국 관련 고서 찾기 운동'에 동참하게 되어 본격적인 고서수집에 들어갔다. 1996년 여름부터 매 학기 방학 때 영국과 유럽을 다니면서 수집하여 지금의 명지대-LG 연암문고를 이룩하였다. 영국 신문의 삽화/사진 컬렉션은 그 일부일 뿐이다. 『그래픽』에 『런던뉴스』가 추가되었고 최근에 『스피어』가 발굴되었다.

6개월분씩 장정 제본한 『런던뉴스』(1842년 5월 14일 창간)와 『그래픽』을 한 장 한 장 넘기면서 165년 전부터 영국의 빅토리아 왕조(1837~1901) 시대의 영국 사회와 세계를 글과 그림

으로 볼 수 있어 마냥 행복했다. 영국인의 삶, 생활양식, 사건들도 흥미롭지만 세계 각국의 사건사고를 다룬 삽화를 보는 것은 진정한 특권이었다. 세계에서 이 주간 화보의 해설 기사나 삽화로 다루어지지 않은 곳이 단 한 곳도 없다고 해도 과언이 아니다.

한국 관련 사진은 런던 큐 가든Kew Garden 근처 영국 공문서 보관소PRO에서 외교문서를 읽다가 영국 국방성 문서의 부속서류에 들어 있는 러일전쟁 관련 사진을 본 것이 처음이다. 그리고 1985년에 그리니치 구 소재 왕립 해양 박물관 도서실에서 거문도 사진첩을 발견했다. 이 사진첩은 귀국 후 1996년 10월 23일자 조선일보와 KBS 저녁 9시 뉴스에서 소개한 바 있다. 그 밖에도 글래스고우Glasgow의 왕립 지리학회Royal Scottish Geographical Society와 런던의 왕립 지리학회에서 이사벨라 버드Isabella Bird(Bishop) 등 19세기 말 조선을 여행한 영국인들이 남긴 사진들을 찾아내기도 했다. 최근에는 SOAS 도서관에서 최초의 한국 관련 사진 여덟 점도 입수했다.

이 책 출판을 위해 한국 관련 삽화의 발굴 작업을 한 곳으로 런던의 대영신문도서관 British Library Newspaper, 뉴욕시립도서관NYPL, 남가주 대학USC 도서관, 캘리포니아 주립대학UCLA 도서관, 게티 센터 부설연구소Getty Center Research Institute 도서관, 파리의 프랑스 국립도서관, 도쿄의 일본 국회 도서관 등이 있다. 그곳 직원들의 친절한 도움 없이 완벽한 수집은 불가능했을 것이다.

이렇게 많은 기관의 협조가 있었지만 이 책을 집필하는 데는 주로 LG 연암문고 소장 자료가 이용되었다. 우리 사업을 이해하고 재정적인 지원을 해주신 LG의 구본무 회장님께 감사드린다. 또한 한국문학번역원의 윤지관 원장님과 실무를 맡아준 고영일 박사, 박장윤 박사에게도 감사한다.

끝으로 특별한 도움을 준 사람들에게 감사의 마음을 전하고 싶다. 삽화자료 발굴에 개인적인 편의를 제공해준 LA 시립중앙도서관 자료실의 린다 무사Linda Moussa 부서장, 희귀도서부의 에마 로버츠Emma Roberts, 게티센터의 레나 와다나베Lena Watanabe, 그리고 힘든 『스피어』지의 사진 촬영을 흔쾌히 들어준 문봉기 사장을 비롯해 삽화발췌작업을 도와준 살림의 이기선 팀장, 편집과 교정을 봐준 박미정 선생이 그들이다.

30년 전 5파운드로 미약하게 시작한 신문 삽화와 고서 수집이 LG의 고서수집비 지원으로 방대한 수집을 이룩했고, 결국 오늘에 이르러 이 책의 출간을 가능케 해주었다. 오늘이 있도록 도와주신 여러분께 감사드린다.

2008년 9월 이촌동에서
김장춘

차례

발간사 · **4**

서문 · **6**

1장_ 개국 전후 조선의 사람들(1858~1884) · **12**

2장_ 거문도 사건(1885~1887) · **22**

3장_ 조선 내륙을 여행하는 서양인(1887~1890) · **36**

4장_ 조선의 풍경과 청일전쟁(1894~1895) · **42**

5장_ 조선의 풍경과 러일전쟁(1897~1905) · **86**

6장_ 대한제국의 멸망(1906~1911) · **140**

해설 · **155**

참고문헌 · **162**

주 · **163**

일러두기

1. 이 책은 런던의 3대 주간 화보신문인 『그래픽The Graphic』 『런던뉴스Illustrated London News』(이하 본문에서 ILN) 『스피어The Sphere』에 실린 조선 관련 삽화들을 선별해 엮은 것이다.
2. 당시 영국인의 눈에 비친 조선의 모습을 보여주기 위해 잘못된 역사적 사실이나 왜곡된 정보를 본문에 그대로 반영했으며 엮은이 주를 달아 오류를 지적했다.

1장
개국 전후 조선의 사람들
(1858~1884)

▲ 부산포 Apr. 24, 1858, ILN, p.409.

▲ 조선 사람들 Apr. 24, 1858, ILN, p.409.

▲ 조선 사람들 Jan. 7, 1865, ILN, p.12.

1장 개국 전후 조선의 사람들(1858~1884)

◀ 요코하마에 도착한 조선 수신사
Aug. 26, 1876, ILN, p.204.

▲ 요코하마에 도착한 조선 수신사   Aug. 12, 1876, The Graphic, p.164.

▲ 일본 기선 다카사고마루에 승선하여 조선으로 귀환하는 조선 수신사 일행
Mar. 19, 1881, ILN, p.277.

▲ 청국 주차 조선 외교관들 – 조선공사와 수행원들
Dec. 23, 1882, The Graphic, p.701.

▲ 조선 주차 일본 외교관들   Jun. 7, 1884, The Graphic, p.552.

1장 개국 전후 조선의 사람들(1858~1884) _ 16 · 17

▲ 인천, 윌리스 제독이 조선 정부와 조약을 체결한 소래포구 Sep. 2, 1882, ILN, p.264.

◀ 조선 정부와 조약 체결
Sep. 2, 1882, INL, p.264.

▲ **조선 도서지방에서의 스케치** Apr. 28, 1877, The Graphic, p.380.

1. 수행원 2. 신안해협에 정박 중인 돛단배 3. 노동자 4. 크리츠톤 항, 촌장 5. 칼 착용법 시범을 보이는 군인
6. 장고와 나팔 7. 경제관료 8. 고관 9. 갓 10. 노동자 11. 갑판의 공식 방문객들 12. 권봉을 든 사람

2장
거문도 사건
(1885~1887)

▲ 거문도 : 북태평양의 새로운 저탄소 Jul. 25, 1885, The Graphic, p.101.

◀ 흩어져 돌아가는 신포의 마을 촌장들
Oct. 30, 1886, The Graphic, p.456.

◀ 서양 배의 스크루가 돌아가는 것을 신기해하며 지켜보는 사람들
Oct. 30, 1886, The Graphic, p.456.

▲ 뭍에 천연두가 퍼져 승선을 금지함 Oct. 30, 1886, The Graphic, p.457.
"남녀노소를 막론하고 승선 금지요, 알아들었소? 그냥 보기만 하시오."

▲ 호기심 있는 구경꾼들 – 외국 선박이 으레 럼주와 담배를 싣고 다닌다는 것을 직감적으로 알고 있는 조선인들 Oct. 30, 1886, The Graphic, p.457.

▲ 동양에 있는 우리의 새로운 항구, 해밀턴 항에서의 기록 Nov. 14, 1885, The Graphic, p.541.
1. 날이 큰 삽으로 밭 갈기 2. 배에서 옥수수 내리기 3. 옥수수 빻기 4. 거문도 원주민 5. 거문도 소년

▲ **조선 여행** Apr. 3, 1886, ILN, p.362.
1. 제물포의 섬과 항구 2. 마을 사람들과 사람이 타는 황소 3. 말 타고 서울 가기
4. 도중에 휴식 5. 거문도 6. 서울의 남대문 7. 죽은 돼지를 지고 가는 조선인

▲ 조선에 주둔한 영국의 동양함대와 함께 – 거문도에서 보낸 밀듀 씨의 하루 Dec. 11, 1886, The Graphic, no.889.
1. 혼자라고 생각하고 시를 읊어댔다. 2. 통행우선권 시비. 3. "학교에서 돌아오는 세 소녀"[1] 그가 도망친다. 4. 그리고 넘어지다. 5. 촌장의 화초들을 슬쩍한다.
6. 그리고 그 대가로 촌장에게 담배 갑을 권한다. 교활한 촌장이 담배 한 개비를 숨기고 마지막 남은 한 개비를 입에 문다.
7. 원주민들 사이에 천연두가 돌아 가능한 한 미개한 아이들을 멀리 하려고 애쓴다. "배가 언제쯤 오려나?" 8. 전염될까 무서워 뱃사람들과의 접촉을 피한다.

▲ 거문도와 중국 해군기지 다롄에 주둔한 영국의 동양함대 Oct. 2, 1886, The Graphic, pp.356~357.
1. 배가 방재 위로 넘어가도록 방재를 물속으로 밟아 넣는 영국 수병들
2. 방재 공사를 돕는 조선인들

▲ 3. 방재 해체 작업 4. 뱃머리가 방재를 넘어가도록 고정하는 방법 5. 영국의 동양함대 중 가장 작은 선박인 "파이어브랜드" 호가 방재에 걸리지 않고 통과하는 장면 6. 목책을 질주하는 소형 증기선 7. 잠수함전의 희생물들

▲ **조선 땅에 상륙한 영국 해군 장교 두 명** Jan. 15, 1887, The Graphic, p.61.

오후 4시. 넥스와 맥스가 상륙한다.
1. 꼭 권투 장갑 같지? 아니, 오히려 빵 같지 않아? 물론 자네는 아니라고 하겠지만.
2. 4시 30분. 자네가 까마귀라고 했지. 뭐라고? 그런데 아니라고 하진 않았잖아. 이제 날아가버렸네.
3. 5시. 이 모기들이 왜 내게 죽어라 달려들지?
4. 5시 30분. 줄무늬 다람쥐. 가여운 녀석. 자네 왜 그랬어? 왜 말리지 않았지?
5. 6시에서 6시 30분. 한 가지는 마음에 든다. 주머니에 손을 넣고 누워 사냥감을 꿈꾼다.
   "장교님, 배가 들어온 지 20분이 됐어요. 부대 복귀해야 해요."
6. 오후 9시. 맥스든 넥스든, 누가 됐든, 8시에 접고 출항한다. 잘되었다.
   왜? 난 여기가 아주 마음에 드는데.

▲ **거문도의 모습** Feb. 12, 1887, The Graphic, Front.

1. 영국 해병 막사 맞은편, 서도에 있는 주민 부락 2. 조선 여인 3. 어린아이를 업고 있는 조선 여인 4. 거문도(섬의 북단) 5. 영국 해군 막사가 보이는 왜도의 조감도(서도에서의 스케치) 6. 재래 삽으로 삽질하는 조선인 7. 지게 진 조선 소년 8. 왜도에 고용된 조선인들 9. 조선의 가무덤 앞에 엎드린 여인 10. 장교식당 11. 어미 없는 두 녀석 12. 보초 : "순찰 끝, 이상무, 거위가 알을 하나 더 낳았음"

▲ 원산에 정박한 영국의 동양함대 Apr. 2, 1887, The Graphic, p.345.

1. 원산 부두의 풍향계 2. 조선의 하급관리 3. 조선 고관의 방문 – 밖에서 기다리고 있는 그의 가마꾼들 4. 조선 관리의 나팔수들

▲ **영국 해군의 거문도 철수** Apr. 16, 1887, The Graphic, p.397.
1. 영국 수병이 지은 막사 해체 작업 2. 영군함 클레오파트라 호와 알바트로스 호 위에서 일어난 총기사고로 죽은 병사들의 무덤

▲ 영국의 동양함대와 함께 - "잃어버린 동아줄" 거문도의 마지막 전설 Aug. 13, 1887, The Graphic, no.924.

제1막 1. 동아줄이 해변에 놓여 있다가 사라진다. 2. 촌장이 심히 충격을 받고 약속한다. 범인을 찾아내겠다고.
3. 두 범인이 선상에 보내진다. 4. 헌 모자 두 개와 비스킷 몇 개로 신이 난 아이들을 곧바로 육지로 보낸다.
제2막 5. 진짜 범인이 우연히 우리 사냥꾼에게 잡혀 6. 선상으로 끌려온다. 7. "강철 동아줄?" 그가 의아해한다.
8. 그를 뭍으로 데려가 벌을 준다. 9. 그의 부친이 욕을 해대고 그의 모친이 돌을 던진다.

3장
조선 내륙을 여행하는 서양인
(1887~1890)

▲ 영국의 지나함대와 함께 – 조선에서의 스케치 Nov. 26, 1887, ILN, p.622.
1. 담뱃대 2. 짚신 3. 엘리자베스 항의 조선인 오두막 4. 거문도의 조선 뗏목 5. 라자레프(원산)항에서 영국 해군장교를 검문하는 조선인들
6. 비막이 모자를 쓴 조선인들 7. 호박밭의 원두막 8. 기혼남성의 상투 9. 총각 10. 갓 11. 원산에서 일어난 사고 – 소에서 떨어지다

▲ **빵과 잼을 지참하고 조선을 여행하는 영국인** Dec. 22, 1888, The Graphic, pp.648~649.

유럽인이 조선 내륙 깊숙이 여행하는 일은 위험천만하다. 그러나 이 이야기 속의 용감한 주인공은 그런 위험을 감수하기로 결심한다. 단, 잼 통과 성냥을 지니고서, 그는 이러한 간단한 수법으로 조선인들을 매수하여 안전하게 여행을 마칠 수 있었다.

1. 출발하기 위한 선결문제 2. 놀람 3. 다시 무관심으로 돌아감 4. 햇볕으로부터 잘 보호됨 5. 조선인 짐꾼 6. 통역관이 우아하게 돌아온다 7. 그들이 처음 맛보는 잼 바른 빵

▲ 8. 황홀경의 정도 차이 – "버터 바른 빵"과 "잼을 바른 빵" 9. 성냥을 처음 보고 그어 본다. 10. 반쯤 통과 11. 시늉으로 술과 담배를 갈망함을 표시
12. 군자금 – 엽전을 말에 실은 모양 13. 여행을 마친 후 받은 정중한 대접. 중령은 무사히 돌아와 평온을 찾고 담배를 피운다.

▲ **조선에서의 스케치** May 10, 1890, ILN, p.595.
1. 서울의 대로 2. 조선 여성 3. 도시의 순사 4. 영국영사관의 안마당 5. 서울의 이면 도로 6. 조선의 여인과 아이

4장
조선의 풍경과 청일전쟁
(1894~1895)

▲ 일본, 조선, 러시아 근해의 여러 항구들-원산항(굵은 박스 인) Dec. 1, 1888, ILN, p.647.

◀ **김옥균 초상화** May 26, 1894, The Graphic, p.616.
전 영의정 김옥균², 상해에서 3월 27일 암살당한 경위.
정치적인 암살 사건 중에서 가장 기이한 사건.
일본에서 수년간 망명 생활 중 홍가의 설득으로 3월에 중국 방문.
홍가는 조선의 조정이 암살을 명했다고 진술.
그러나 암살 후 귀국하자 홍가에겐 훈장이 수여되고 김옥균의 시체는 능지처참되어 효시됨.

▼ **전운이 감도는 조선 – 서울 거리를 통과하는 임금의 거둥** Jul. 21, 1894, The Graphic, p.73.
서울 거리를 지나는 국왕의 행차 – 국왕이 행차할 때 모든 문과 창문들은 조심스레 닫힌다. 국왕의 이름을 언급하는 것이 반역죄에 해당할 뿐 아니라, 중국의 황제처럼 백성들이 국왕의 모습을 알아봐서는 안 되기 때문이다. 은자의 왕국의 이 통치자는 바깥세상과 단절된 진정한 은둔자이다. 왕궁은 조선의 수도 서울에 있다. 서울은 한강을 따라 위치해 있다. 서울의 거리는 좁고 지저분하며 집들은 최악의 빈곤 상태라고 한다. 넓게 펼쳐진 외곽 지역을 포함한 서울의 인구는 약 30만 명으로 추정된다. 왕궁은 거대한 건축물로, 부속건물을 포함하여 대지만 600에이커에 이른다.

▼ 서울 근교의 재래시장 Jul. 28, 1894, ILN, Front.

▲ **조선의 휴식처** Aug. 4, 1894, ILN, p.141.

▲ 궁중복을 입고 있는 조선 관료들 Aug. 11, 1894, ILN, p.184.

▲ 조선의 무희들, 기생 Aug. 11, 1894, ILN, p.184.

▲ 가련한 조선의 소년들 Aug. 4, 1894, The Graphic, p.124.

▲ 고관과 자녀들 Aug. 11, 1894, ILN, p.184.

▲ 조선 양반의 가마 Aug. 4, 1894, The Graphic, p.124.

▼ 랜디스 박사와 제물포에 있는 그의 학교 Aug. 25, 1894, ILN, p.240.

▲ 제물포의 세인트 마이클(성 미가엘) 선교교회 Aug. 18, 1894, ILN, p.204.

▲ 과자 장수 Aug. 18, 1894, ILN, p.204.

▲ 조선의 훈장 Aug. 18, 1894, ILN, p.204.

▲ 서울 전경 Aug. 18, 1894, ILN, p.204.

◀ 영국 해병이 수비를 맡고 있는 서울의 영국영사관
Aug. 25, 1894, The Graphic, p.206.

4장 조선의 풍경과 청일전쟁(1894~1895) _ 48 • 49

▲ 서울 궁궐의 정원 – 국왕의 알현장을 배경으로 Aug. 4, 1894, ILN, p.136.

▲ 조선의 국왕과 왕세자 Aug. 4, 1894, ILN, p.136.

▲ 궁녀 Jul. 28, 1894, ILN, p.100.

▲ 조선의 장군 Aug. 4, 1894, ILN, p.136.

▲ 조선의 군인 Aug. 18, 1894, ILN, p.204.

▲ 조선 외무대신이 유럽 외교관들에게 베푼 연회 Sep. 1, 1894, ILN, p.264.

◀ 조선 외무대신의 행차 Sep. 1, 1894, ILN, p.264.

▲ **영국군함의 두 장교가 조선의 어느 강가에서 사냥으로 보낸 하루** Aug. 4, 1894, The Graphic, p.128.
1. 조선인 주민들이 분명 우리의 상륙 의도를 의심한다 2. 조선의 남자와 지게를 진 여자³ 3. 동네 한가운데를 지나감
4. 잡은 물고기를 그 자리서 날로 먹는 낚시꾼 5. 자정 – 강에서 나오려 애쓰는 장면
6. 논을 지키고 있던 조선의 파수꾼이 잔인한 외국인의 출현으로 놀람 7. 중간지점에서 사냥해 잡은 것들을 확인

조선 주변국 지도　Sep. 1, 1894, ILN, p.267. ▶

▼ 군용 전신선을 설치하는 일본 공병　Sep. 29, 1894, ILN, No.2893 Front.

▲ 제물포 근처 해안 Oct. 13, 1894, ILN, p.469.

▲ 황해에 있는 조선의 항구 제물포의 모습 Sep. 29, 1894, ILN, p.409.

▲ **중국인 화가가 묘사한 동아시아의 전쟁** Oct. 6, 1894, ILN, p.443.
1. 음력 6월 25일(양력 7월 2일)에 일어난 청나라 전초부대와 일본 정찰대의 전초전
2. 서울 성벽 앞에서 일어난 가드너 사건. 텐트 속의 일본인들이 할복하는 것을 주시할 것

3. 음력 6월 23일(양력 7월 25일)에 있었던 일본과 청국 전함 간의 접전. 각 전함의 깃발이 국적을 나타낸다.
4. 일본 전함에 의해 침몰한 고승호. 청나라 화가가 묘사한 그림을 보면 일본군은 바다에 빠진 청국군을 공격하는데 그 우측의 프랑스 함대는 바다에서 허우적대는 청국군을 구출하고 있다.

▲ **일본인 화가가 그린 스케치** Oct. 13, 1894, The Graphic, p.429.
도쿄로부터 집수되는 많은 양의 일본 전생 삽화로 미루어볼 때 조선에서 전쟁이 진행되는 동안 일본의
내반시 신분사나 줄판사의 운영자들이 보여준 사업 정신은 대단했다. 이곳에 네 장의 팩시밀 그림을
재생한다. 당연히 일본 화가들은 자국의 군대를 승전군대로 그렸고 전투나 해전의 보도기사도 동일한
애국심으로 작성되었다.
1. 성환 진격 중 – 안성강을 건너 군대를 이끄는 마스자키 대위
2. 성환 전장에서 작업하는 일본의 전쟁 화가들 – 베이센과 긴센

3. 조선의 풍도 근처에서 벌어진 해전
4. 아산에서 일본에 패배한 청국군

▲▲ 전투가 끝난 후 Oct. 6, 1894, ILN, p.432.
▲ 동아시아에서의 전쟁 – 9월 9일 제물포에 일본 군대를 상륙시키는 일본의 수송선 Oct. 27, 1894, ILN, p.524.

동양의 전쟁 – 제물포에 상륙하는 일본군 ▶
Oct. 20, 1894, The Graphic, no.1229.

▼ 9월 9일 일본군의 제물포 상륙
Nov. 3, 1894, ILN, pp.568~569.

영국군함 린더 호 위에서 와일드A. W. Wilde가 그린 스케치. 수송선이 전속력으로 입항하여 닻을 내리고 즉시 군대를 내려놓기 시작했다. 제물포항은 수심이 매우 낮아 소형 선박을 제외한 다른 선박들은 선착장으로부터 2마일 이상 떨어져 있어야 했다. 일본군대는 소형 증기선이 끄는 조선 나룻배에 실려 뭍으로 이동했다. 일본군대는 2,000명 정도로 모두 보병이었다. 수송선이 도착한 직후 순양함 "야에야마 칸" 호가 입항하여 그들 외곽에 닻을 내렸다. 병사들이 당황하지 않고 질서 있게 부두에 내렸다. 그들은 완전군장 상태였는데, 그들의 장비를 높게 평가하지 않을 수 없다. 그들은 망원경까지 지참하고 있다. 그들이 지참하고 있는 모든 것은 최신식인 것 같았고 영국군처럼 군화를 신고 여분의 군화를 메고 있었다. 그리고 그들은 프러시아 보병이 사용했던 소의 털가죽으로 만든 구식 배낭을 짊어지고 따발총으로 무장되어 있었다. 일본군들은 체구가 작으나 매우 단단하다. 사기가 충천한 것처럼 보이지는 않았는데 항해 때문에 그런 것 같다. 9월 11일에는 1만 명의 군대가 올 것으로 예상된다. 그들은 황태자가 기마대장으로 있는 근위병을 포함할 것이다.

▲ 제물포에 하역되는 일본 군수품 – 좌측에 탄약, 우측에 부교 부분품 Nov. 10, 1894, ILN, p.589.

▲▲ 종군기자의 첫 애로사항 – 부산에서 조선 경찰서장과의 면담 Oct. 27, 1894, The Graphic, s.1.
▲ 부산에서 실물 스케치 작업 중인 『그래픽』지의 화가 Oct. 27, 1894, The Graphic, s.2.

▶ 거리에서 끼니를 떼우고 있는 거지들
Oct. 27, 1894, The Graphic, s.7.

▼ 부산, 강 위의 고깃배
Nov. 10, 1894, ILN, p.589, Oct. 27, 1894, The Graphic, s.2.

▲ 조선 국왕의 생일 축하연 – 영국 장교들을 위해 조선 관원이 베푼 향연에서 외줄을 타는 광대 Nov. 3, 1894, The Graphic, p.509.

▲ **동양의 전쟁 – 우물 파는 일본군** Dec. 22, 1894, The Graphic, p.708.
일본군대가 조선 마을 도착 즉시 수행하는 첫 임무 중의 하나는 병사들, 특히 입원 중인 병사들에게 좋은 식수를 공급하기 위해 우물을 파는 것이다.
조선인들은 식수에 별로 신경 쓰지 않는 것 같다. 대개는 양질의 물을 공급 받기가 어려워 물 때문에 일본 병사들이 병이 나는 경우가 많다.

▲ 군대 급식용 쌀 씻기 Oct. 27, 1894, The Graphic, s.6.
하루에 두 번 일꾼들이 철제 양동이에 군대 급식용 쌀을 가득 담아 가져와 강에서 씻는다. 이 양동이의 손잡이 사이에 대나무를 꿰어 두 사람이 30인 분을 운반한다. 하루 1.5파운드의 쌀에다 생선과 채소가 지급되고 고기는 5일마다 공급된다.

▲ 부산의 한 푸줏간 내부 – 고기를 자르고 판매하는 조선 여자 Oct. 27, 1894, The Graphic, s.6.

▲ **조선의 법치 행정 – 부산에서 경찰의 태형을 맞는 절도범** Oct. 27, 1894, The Graphic, s.7.
태형에 사용되는 몽둥이의 두께는 형량에 비례한다. 죄수를 평상에 엎드리게 하고 묶은 다음 옷의 일부를 벗긴다. 죄수가 돈이 있으면 집으로 보내 돈을 가져오도록 한다. 경찰은 돈을 받으면 잘 봐준다. 사형 선고를 받은 죄수는 살점이 뜯기고 뼈가 부러지도록 아주 두꺼운 몽둥이로 맞는다.

▲ **일본으로 가기 위해 제물포에 도착한 조선 국왕의 차남** Dec. 29, 1894, The Graphic, p.736.
조선 국왕의 차남이 서울을 출발, 10월 13일 오후 4시 제물포에 도착했다. 조선 군대가 호위하며 창과 장대로 군중을 헤쳐 나갔다. 네 명의 나팔수가 마부가 끄는 말을 탄 왕자 앞에 서서 길을 열었다. 겨우 열아홉 살인 왕자는 천황을 알현할 임무를 수행하기 위해 다음 날 일본으로 떠났다.

▲ **제물포의 적십자회 병원** Dec. 8, 1894, The Graphic, p.652.
제물포의 적십자회 병원 건물은 초가지붕에 목조이다. 침대는 없으나 바닥은 부상병들이 누울 수 있도록 볏짚을 채운 매트가 깔려 있다. 민간인 의사들과 20여 명의 의무병들이 돌본다. 의무 서비스는 매우 훌륭하고 의약품, 의료기구, 담요 등도 충분하다. 사실 전쟁터에서든 일본 국내에서든 일본군의 병원 운영 상태를 본 사람은 일본 의무 분야의 우수성에 찬사를 보낼 수밖에 없다.

▲ **일본 전초기병** Dec. 8, 1894, The Graphic, p.652.

◀ 서울로 행군하는 일본군
Dec. 22, 1894, The Graphic, p.709.
조선 전역에서 일본군 행렬은 보통은 냉담한 조선 원주민에게까지 대단한 관심을 불러일으킨다.
조선인들은 길가에 앉아 이례적인 광경을 물끄러미 바라보거나 입을 딱 벌리고 바라보거나 이상야릇하게 생긴 긴 담뱃대(곰방대)를 물고 말없이 호기심 어린 눈으로 바라본다.

▲▲ 일본으로 후송되기 위해 부산에서 출항을 기다리고 있는 환자병들 Oct. 27, 1894, The Graphic, s.3.
▲ 동양의 전쟁 – 평양 근처에서 정찰하는 일본 보병대 소속의 첩보병 Dec. 15, 1894, The Graphic, p.669.

▲▲ 평양 진격 – 야영장의 취사반 Oct. 27, 1894, The Graphic, s.3. Dec 1, 1894, The Graphic, p.620.
▲ 동양의 전쟁 – 행군 중 동상에 걸린 일본 병사 Dec. 29, 1894, The Graphic, p.736.
행군 중 이질에 걸린 일본병사들. 조선에는 양질의 물이 없어 일본군 당국이 애를 먹는다. 이로 인해 이질에 걸린 일본 군인들이 행군 중 낙오되어 통증으로 길가에 나뒹굴곤 했다. 의무대대가 분주히 근무했으나 발병자 수가 너무 많아 병사를 제대로 돌볼 수가 없었다.

▶ 동양의 전쟁. 정찰 중의 접전에서 부상당한 병사들을 전방으로부터 후송하기
Oct. 27, 1894, The Graphic, s.4~5.

▲ 평양 전투 후 – 전장의 한 구석에서 청군 포로에게 사망자와 부상병들을 운반시키는 일본군 Dec. 1, 1894, The Graphic, p.621.
▲▲ 전장의 일본군 묘지 – 제6공병대 대원들이 전방으로 가는 도중 전사한 동지들에게 묵념을 올리기 위해 잠시 멈춤. 나팔이 울리자 차려총하는 일본군
Dec. 8, 1894, The Graphic, p.653.

▲ 조선의 아산전투 승리 후 서울 근교에 세워진 개선문을 통과하는 일본군 Nov. 17, 1894, ILN, pp.624~625.

▲ 동양의 전쟁 – 평양의 청국군 진지를 습격하는 일본보병 Dec. 29, 1894, The Graphic, s.8.

▼ 평양점령 – 9월 16일 대동강 다리의 문으로 진입하는 일본군대 Nov. 24, 1894, ILN, s.5.
9월 16일 일요일, 조선 서북부 평양 근교의 청국군 요새를 격파한 후 승리한 일본군(야마가타 대장의 지휘)이 대동강 다리의 문을 통과하여 그 도시로 진입하였다. 평양 함락은 결정적인 성과였다. 왜냐하면 평양은 대동강뿐만 아니라 서해상의 상업 항구를 장악한 도시였고, 원산에서 시작되는 도로와 북서쪽의 청국 국경으로부터 조선의 수도인 서울까지 연결되는 도로의 요지이기 때문이다. 평양 함락이 사실상 조선에서의 청국군의 패배를 가져왔다.

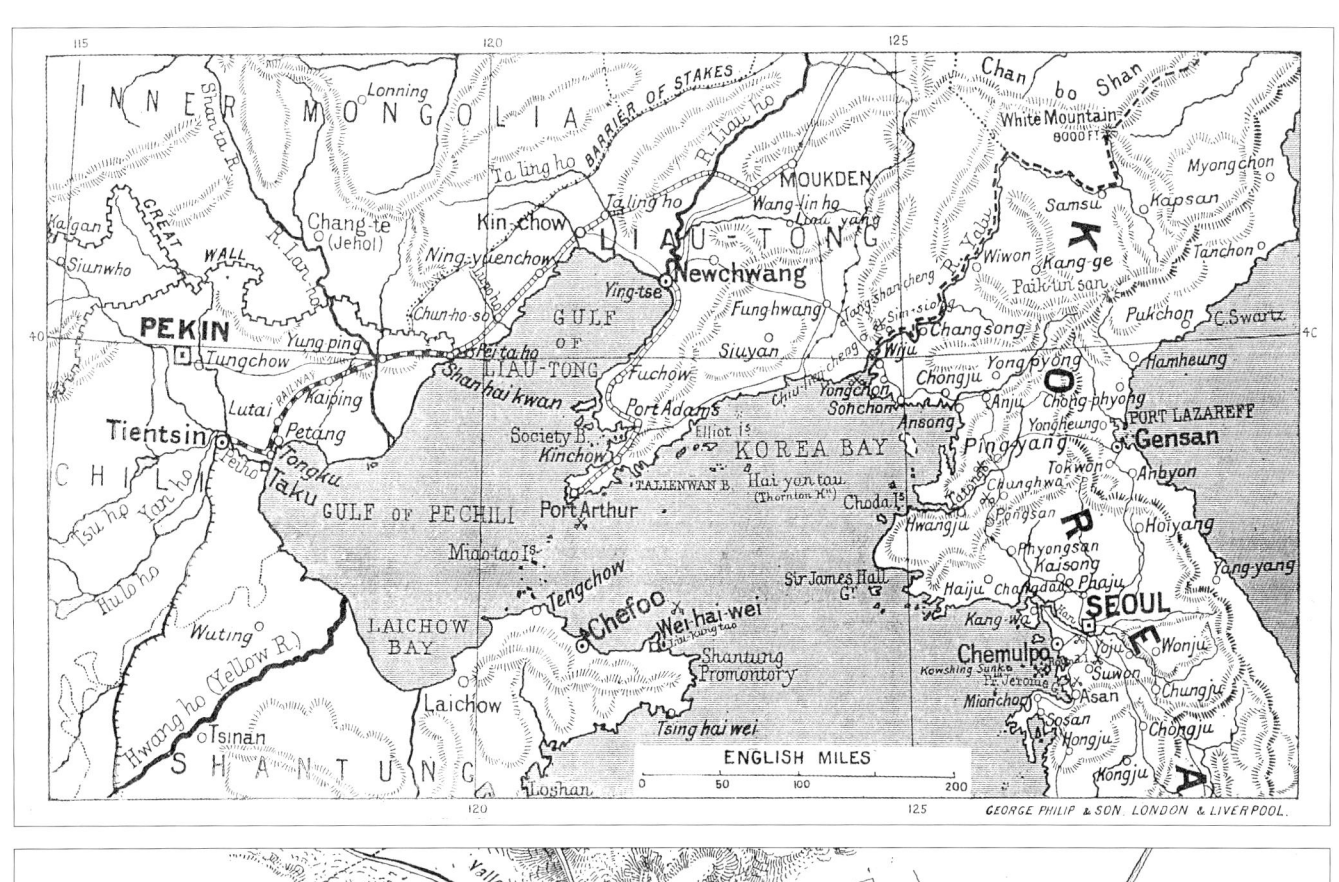

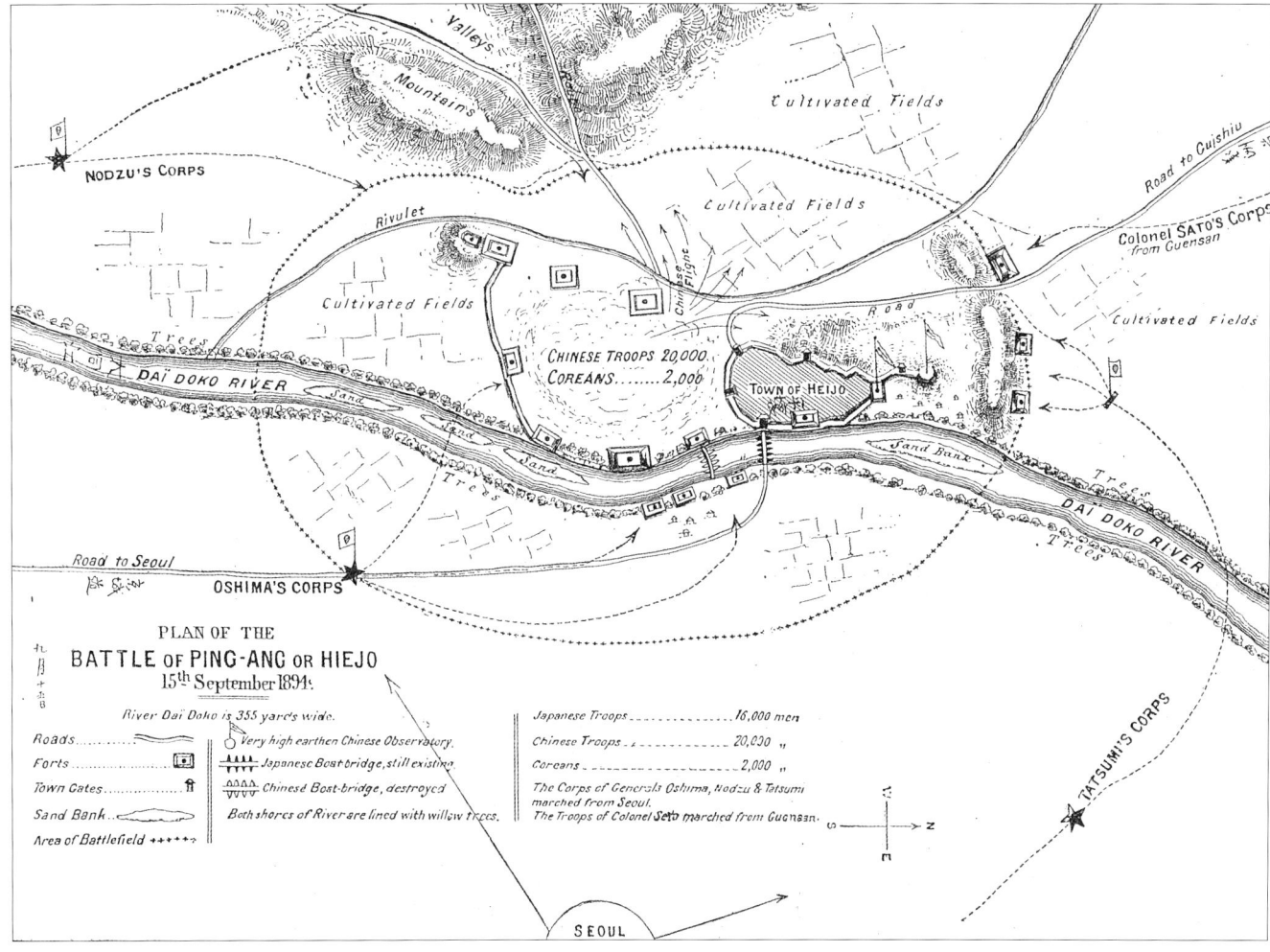

▲▲ 동아시아의 전장 Nov. 24, 1894, ILN, s.14.
▲ 평양전투의 지도 – 군대 배치와 공격 방향을 보여줌 Dec. 1, 1894, The Graphic, p.624.

4장 조선의 풍경과 청일전쟁(1894~1895) _ 80 · 81

▲ 조선 주변국 개관지도   Sep. 1, 1894, ILN, p.267.

▲ 조선인을 총살하는 청나라 군인들
Mar. 9, 1895, The Graphic, p.268.

▶ 군자금을 수송하기 위해 조선의 엽전을 꿰고 있는 일본 노동자들
Dec. 8, 1894, The Graphic, p.644.

5장
조선의 풍경과 러일전쟁
(1897~1905)

▲ **조선의 위기 – 서울 공사관을 보호하기 위해 상륙한 러시아 수병** Aug. 7, 1897, The Graphic, p.187.
조선은 긴박한 정치적 위기를 맞고 있다.
러시아는 서울에 있는 러시아 공사관을 보호하기 위해 80명의 수병을 보유하고 있다.
이 스케치는 코르니리프 제독이 현재 서울에 있는 드미트리 돈스코이의 수비병들과 교대할 사람들을 상륙시키는 장면을 보여준다.
영국이 이 오지에 배치한 군사는 장교 한 명에 사병 열두 명뿐으로 알려져 있다.
다른 스케치는 1000톤의 석탄을 보유한 조선 내의 러시아 섬의 위치를 보여준다.

▲ **극동의 영국함대에서 – 영국 함대용 소고기**
Mar. 12, 1898, The Graphic, p.321.
영국인은 어디를 가나 소고기를 원하며, 없으면 어떻게 해서든 구해낸다. 하지만 함대가 세계 여러 곳을 방문해보면 소가 식용이 아니라 말이나 증기기관 대용이라는 것을 알 수 있다. 이들이 소를 잡아먹으면 교통이 두절될 것이다.
따라서 조선에서 영국의 지나함대는 필요한 소고기 공급에 애를 먹곤 한다.
이 스케치는 원주민과 오랜 실랑이 끝에 소들을 배에 싣는 장면이다.

◀ **영국 국왕 에드워드에게 보내는 조선의 선물 – 조선 국왕이 영국 국왕에게 선물한 소들** Jan. 11, 1902, ILN, p.42.
황소와 젖소 두 마리가 제물포를 떠나 9월에 위화위에 도착했다. 오랫동안 갇혀 있는 바람에 지칠 대로 지친 소들은 장교들이 손으로 먹여주는 여물을 잘 먹을 것이다.
이 사진은 영국으로 수송하는 비플레어 호 선상에서 찍은 사진이다.

▲ **조선의 영국 병사 – 서울에서 영국 해병과 함께** Mar. 19, 1898, ILN, p.398.
1. 동남문 2. 일본을 피해 러시아 공사관으로 도망간 조선 국왕(아관파천) 3. 왕궁 4. 거리 풍경 5. 영국 해병 막사
6. 영국영사관 7. 살해된 민비의 궁과 그녀의 대신들이 살해당한 거리

▲ 극동에서 - 조선에서의 스케치 Mar. 19, 1898, ILN, p.409.
1. 융싱Yung-Shing의 영묘 2. 쇼핑 후 제물포로 돌아오는 의사 3. 제물포에 탄약을 하역하는 조선과 중국의 일꾼들 4. 조선의 멋쟁이

▲ 극동에서 – 조선 군도에서 세금 징수하기 Apr. 30, 1898, The Graphic, p.540.
동양의 호의에는 한계가 있다. 조용한 아침의 나라에서의 세금 징수는 극심한 착취 그 자체다.
세금 징수원이 배를 타고 해변의 여러 도시를 방문한다. 이 스케치는 거문도의 세곡선을 보여준다.

▼ 조선의 구경꾼들과 함께 – "도대체 무얼 하고 있는 걸까?" 서울에서 측량 작업하는 즐거움 Oct. 11, 1902, The Graphic, p.492.

▲ 조선 방문 – 서울 거리의 모습 Nov. 23, 1901, The Graphic, p.690.
조선인은 건장하고 단단한 체격을 가졌으며 남자다운 기상을 지녔으나, 게으르고 겁이 많다. 머리는 길게 땋아 상투를 틀고 말총으로 만든 높다란 갓으로 머리를 보호한다.

▼ 조선 방문 – 양반들이 가장 즐기는 놀이 Nov. 23, 1901, The Graphic, p.691.
조선 백성은 크게 두 계급으로 나뉜다. 상류, 즉 양반 계급은 일을 하지 않아도 되는 권리를 갖고, 최하층민들은 근근이 생계를 꾸려나간다.
양반들이 가장 좋아하는 오락은 활쏘기로 양궁과 달리 작은 활을 사용한다.

◀ 조선의 새해 풍습 - 서울 근교의 석전[4]
Feb. 8, 1902, The Graphic, p.189.

▲ **러시아와 일본이 탐내는 '은자의 왕국' 조선의 기이한 풍습들** Nov. 7, 1903, ILN, s.i~iv.

1. 전설적인 거북이 비신의 부도 – 200년이 넘는 이 부도는 중국의 황제가 조선 국왕에게 선물로 보낸 백색 대리석의 탑이다. 상부는 용트림하고 있는 용을 조각하였는데 이는 불교에서 유래된 것임을 보여준다. 부도의 뒤쪽에서 본 모습이니, 조선인들은 거북이가 세상을 지탱하고 있다고 믿기 때문에 조선의 모든 부도에 거북이가 비신으로 쓰인다.

2. 부친상 – 상복은 베로 만들어져 있다. 상중인 사람의 손에 들려 있는 깃발 모양의 물건은 그가 죄인이라는 것을 보여주기 위해 사용하는 얼굴 가리개로, 누가 말을 걸기 전에 말을 해서는 안 된다. 이 상복은 3년간 입어야 하고 얼굴 가리개는 3개월을 가지고 있어야 한다. 이것은 부친상 때만 입는다. 그다음 상복은 모친상에 입고 부인상엔 상복을 입지 않는다. (탁자 위에 보이는) 모자는 버들가지로 만든 것이다. 청일전쟁 중 미국공사는 모든 미국인에게 도주할 때 변장하기 위해 이런 종류의 상복을 준비해두라고 명했다.

3. 송도의 여성 축제 – 음력 4월 8일(양력으론 5월 초)은 여성 축제일로 지켜지고 있다. 이날 모든 여성과 소녀들이 시냇물이 흐르는 "여인의 골짜기"에 가는데, 여름 내내 그 골짜기는 목욕하는 여인들에게 개방된다. 천막 속의 무당을 찾아가면 어떤 가정문제도 상의할 수 있다. 남자들이라고는 여인들을 가마에 싣고 온 가마꾼들뿐이다. 앞쪽에 소년은 찹쌀과 꿀로 만든 한과를 팔고 있다.

▲ 조선의 사진관 Nov. 7, 1903, ILN, s.i~iv.
전형적인 거리의 한 장면. 이 그림 속에 조선의 사진관이 보인다. 간판 밑의 아이들 중 작은 아이는 여름옷을 입고 있고 우측에 물동이를 지고 있는 남자는 일상적인 의복을 입고 있다.

▲ 서울 외곽에서 얼음을 깨고 낚시하는 모습 Nov. 7, 1903, ILN, s.i~iv.
남자가 작은 썰매 위에 앉아 얼음 구멍 사이로 낚시질을 한다. 그들은 빙판에 작대기를 꽂고 거기에 멍석을 매달아 바람막이로 쓴다. 빙판 낚시에서는 주로 농어가 잡힌다. 여름에 낚시꾼들은 배에서 낚시한다. 뒤쪽에 정부의 곡창들이 보인다.

▲ 황소에 편자(징) 박기 Nov. 7, 1903, ILN, s.i~iv.
소의 다리를 뒤로 묶고 땅에 뉘어놓는다. 소가 발버둥 치지 못하게 머리를 뒤로 젖힌다. 황소는 화물운송용 짐승으로, 밭 갈기와 수레를 끌고 짐을 나르는 데 이용된다. 마차는 조잡하고 무겁고 엉성하며 스프링이 없어 겨우 몇 가지 용도로만 사용된다.

▲ 칼을 쓰고 있는 죄수들 Nov. 7, 1903, ILN, s.i~iv.
폭이 좁고 길이가 길다는 점에서 중국의 칼과 다르다. 죄수의 손이 머리에 닿을 수 있게 하여 밥도 먹고 파리도 쫓을 수 있다는 점에서 중국의 것보다 인간적이다. 중국의 칼은 머리에서 사방으로 20센티미터나 뻗어 있다.

▲ 대역적의 참수된 머리 Nov. 7, 1903, ILN, s.i~iv.
조선인들은 짚으로 덮인 삼각대 위에 역적의 머리를 공식 효시한다. 효시대에 죄인의 죄목을 알리는 게시가 걸린다. 이 사진에서는 "대역부도"라는 글귀가 보인다.

◀ 놋그릇 판매 Nov. 7, 1903, ILN, s.i~iv.
조선의 식기는 금속으로 제조된다. 주로 일본에서 수입된 황동과 주석을 녹여 모래 틀에 부어 주조한 다음 모래 틀을 부순다. 이렇게 만든 그릇을 선반으로 갈고 나면 윤기가 난다. 우측에 두 남자아이가 서 있고 좌측 남자 어른 앞에 소녀가 있다. 남녀를 의상으로 구별하는 가장 좋은 방법은 윗도리를 보는 것인데, 남자 것이 더 길다.

◀ **인삼 재배** Nov. 7, 1903, ILN, s i~iv.
인삼의 가치는 뿌리에 있는데 그 뿌리가 중국인들에게 아편 치료제로 팔려 금값이다. 인삼은 반드시 그늘진 곳에서 재배해야 하므로 차양을 쳐놓았다.

▲ **태형** Nov. 7, 1903, ILN, s.i~iv.
죄수의 손, 발, 무릎이 의자(일본서 수입한 것임)에 묶여 있다. 장대를 죄수의 무릎 아래로 지나가게 한 후 두 사람이 죄수를 어깨에 짊어메고서 감옥에서 나온다. 이 사진은 맨살에 태형을 맞고 있는 것을 보여준다. 어떤 때는 500대를 때릴 때도 있다. 나머지 세 사람은 아직도 곳곳에서 볼 수 있는 구식 포졸복을 입고 있다.

▲ **가래 삽 하나에 세 명의 남자** Nov. 7, 1903, ILN, s.i~iv.
이 가래에는 2.5미터나 되는 자루가 달려 있다. 나무 삽에는 쇠가 붙어 있고 두 개의 새끼줄이 달려 있다. 손잡이를 잡고 있는 사람이 땅에 삽날을 박으면 줄을 잡고 있는 두 사람이 아주 소량의 흙을 떠서 60센티 정도 퍼낸다. 조선의 밭에서는 가래 삽 하나에 아홉 명이 들러붙어 있는 것을 자주 볼 수 있다.

▲ **한옥에 바닥 깔기** Nov. 7, 1903, ILN, s.i~iv.
사진에서 보는 두둑은 연기와 화기를 집 밖에 설치된 아궁이에서 반대편쪽의 굴뚝까지 보내기 위해 돌과 진흙으로 되어 있다. 이 두둑 위에 얇은 구들장을 깐다. 틈새를 진흙으로 채우고 장판을 하면 온돌이 된다. 온돌은 조선인들에게 의자 겸 소파 겸 침대이다.

▲ **송도 시에 있는 미국 교회** Nov. 7, 1903, ILN, s.i~iv.
이 교회는 1,000명 이상 수용 가능하다. 조선 사회규범은 남녀가 서로 대화하는 것조차 금하고 있다. 그래서 이 교회는 ㄴ자로 지어져 강단과 제단이 꺾이는 곳에 위치해, 목사가 사실상 두 회중에게 동시에 설교하게 되고 목사만이 전체 회중을 볼 수 있는 구조로 되어 있다.

◀ **성스러운 대나무 다리 – 선죽교** Nov. 7, 1903, ILN, s.i~iv.
이 다리는 사진에서 보듯이 석재 난간으로 감싸여 있다. 한쪽에 있는 석교는 사람들이 이 성스러운 다리를 건너지 않아도 되도록 놓여졌다.

▲ **조선의 주식** Jun. 11, 1904, The Sphere, p.260.
이 그림은 농부가 쌀을 빻는 장면이다. 방아의 공이가 달린 기둥이 수평으로 놓여 있고 남자가 오른발로 밟으면 그것이 올라간다. 남자가 왼발 쪽으로 몸을 피하면 공이가 내려온다. 조선인들은 쌀과 여러 가지 콩 종류를 먹는다. 대개 쌀을 6, 콩 종류를 1로 먹는데 쌀은 콩 종류보다 두 배나 비싸다. 조선인들은 과식으로 끊임없이 소화불량에 시달린다.

▲ **상투를 튼 조선인(좌)과 상투 위에 갓을 쓴 조선인(우)** Sep. 8, 1894, ILN, p.311.

▲ **조선의 이정표**[5] Apr. 23, 1904, The Sphere, p.80.

▲ **조선의 극장 모습** Jun. 4, 1904, The Sphere, p.234.

▲ 일본 어린이들의 장난감을 비롯해 중국과 조선의 장난감 몇 가지 Dec. 24, 1904, ILN, p.964.

▲ **덕수궁 대안문을 나오는 조선 국왕** Nov. 7, 1903, The Sphere, s.i.
국왕은 거둥(국왕의 행차) 때 백성에게 용안을 보이지 않도록 베일을 쓴다. 덕수궁 자리는 서울서 가장 빈곤한 지역이었는데 신궁 건립으로 큰 변화를 가져왔다.

◀ 베일에 싸인 황후들과 거둥
Nov. 7, 1903, The Sphere, s.ⅱ~ⅲ.
국왕의 거둥이다. 가마를 탄 궁녀들은 이동 중에 군중들이 보지 못하도록 베일로 가려 있다. 앞쪽에 이상한 백색의 모자들은 상중임을 나타낸다.

◀ 제물포의 러시아 함대
Nov. 7, 1903, The Sphere, s.ⅱ~ⅲ.
앞쪽에 나지막한 조선의 가옥들과 그 너머 나무로 뒤덮인 섬이 보인다. 전함들이 양항인 제물포항에 떠 있다.

◀ 조선 귀족의 봉분
Nov. 7, 1903, The Sphere, s.ⅱ~ⅲ.
조선의 위인들은 이 나라의 고대 봉분과 비슷한 봉분 아래에 묻힌다. 조선의 봉분은 정교하게 조각된 돌 조형물로 둘러싸여 있다. 그 밖에 석마를 타고 있는 무관석이 있다.

청일전쟁 후 서울 외곽에 세워진 독립문 ▶
Nov. 7, 1903, The Sphere, s.ⅱ~ⅲ.
독립문 뒤에 있는 두 개의 기둥은 중국의 공식 사절이
조선 국왕을 만난 위치를 나타낸다.

러시아가 저탄지로 눈독을 들이고 있는 로제 섬 ▶
Nov. 7, 1903, The Sphere, s.ⅱ~ⅲ.

서울의 영국공사관과 미국 교회 ▶
Nov. 7, 1903, The Sphere, s.ⅱ~ⅲ.
영국 국기가 게양된 게양대 바로 뒤 우측에 영국공사관이 보인다.
미국공사관은 4각 탑이 있는 미국 교회 바로 뒤
조선 전통가옥이 있는 곳에 자리 잡고 있다.

▲ 극동에서 대치하고 있는 러시아와 일본 Feb. 6, 1904, The Sphere p.126.

▲ 부산의 일본 조차지에 주둔한 일본 헌병대 Oct. 14, 1903, The Sphere, p.82.

러시아로부터 만주를 빼앗기 위해 애쓰는 일본을 묘사한 만평 ▶▲
Oct. 31, 1903, The Sphere, s.iv.
만주에서 러시아의 동향을 감시하는 미국을 묘사한 만평 ▶
Oct. 31, 1903, The Sphere, s.iv.

▲ 러시아와 일본의 전쟁준비 – 상호병력과 자원의 비교
Jan. 16, 1904, ILN, s.iv~v.

▼ 초미의 관심 – 조선의 수도 서울에 도착한 특파원 Jan. 23, 1904, The Sphere, pp.88~89.
세계에서 가장 불결한 도시 중 하나인 서울과 조선 근위대의 신식 제복

▲ 서울 주둔지에서 훈련 중인 일본 군대 Jan. 30, 1904, The Sphere, p.106.

▲ 신궁과 뽕나무 궁(창덕궁)으로 가는 운교 Jan. 30, 1904, The Sphere, p.106.

▲ 서양 제국이 파견한 자국 공사관 호위병들 Jan. 30, 1904, The Sphere, p. 107.

▲ 평양의 황궁건립에 동원된 조선인들   Feb. 6, 1904, The Sphere, p.126.

▲ 대구의 번화한 시장   Feb. 6, 1904, The Sphere, p.126.

◀ 러시아 주재 조선 공사 Feb. 13, 1904, The Sphere, p.146.
▼ 전쟁 문제를 논의해온 조선의 대신들 Feb. 13, 1904, The Sphere, p.146.

▼ 조선의 수도 서울 거리를 통과하는 황제의 거둥 Feb. 13, 1904, The Sphere, s.ii~iii.

▲ 학생과 교사 들(좌), 왕궁 입구의 해태(우)
Feb. 20, 1904, The Sphere, p.176.

◀ 서울의 성벽 Feb. 20, 1904, The Sphere, p.176.

▲ 러일 협상 기간 중 조선황제를 방문하러 가는 일본 공사 Feb. 20, 1904, The Sphere, p.173.

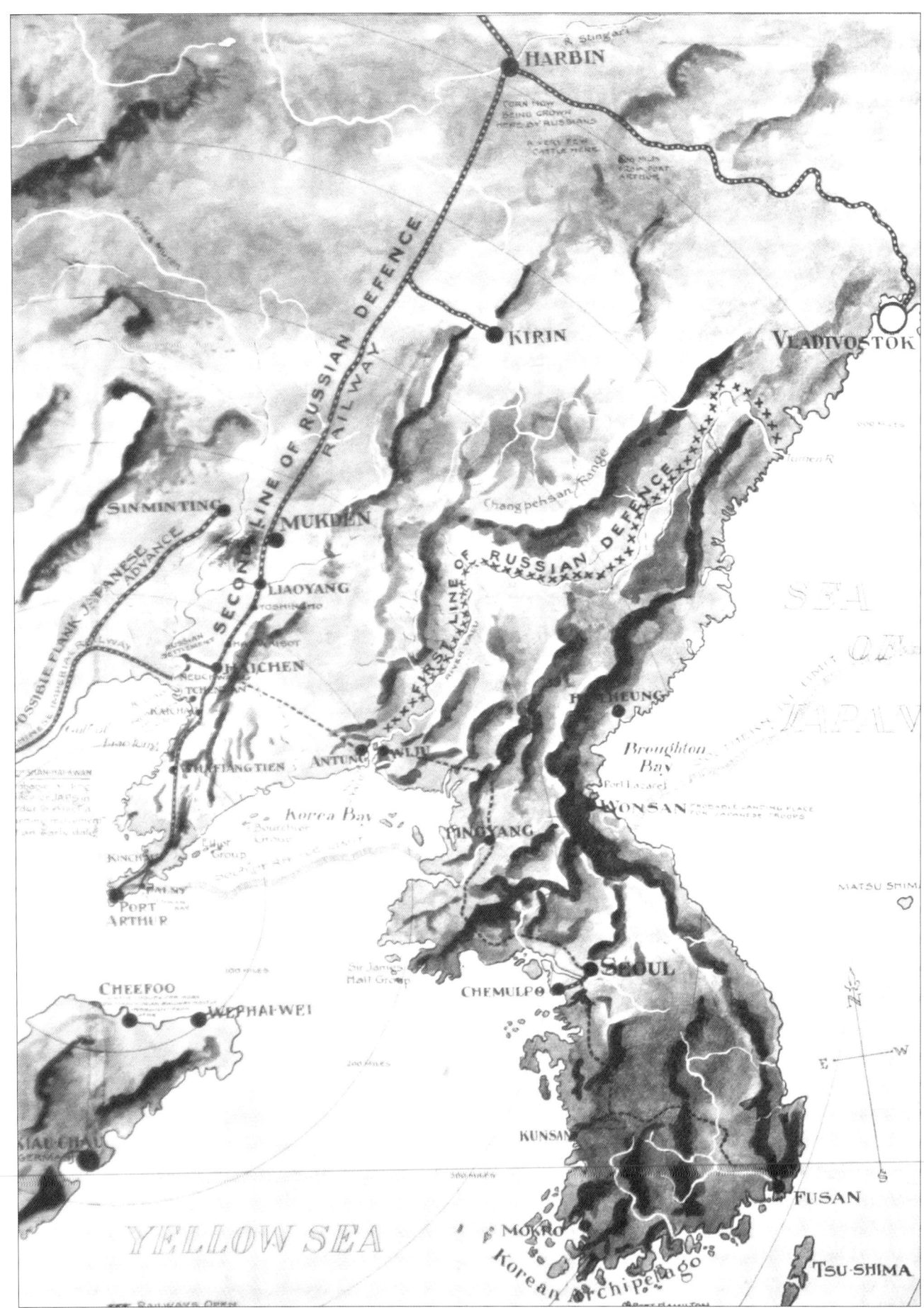

▲ 러시아 방어의 허점 – 다롄에 물자를 공급하는 철도의 허점 Feb. 27, 1904, ILN, p.299.

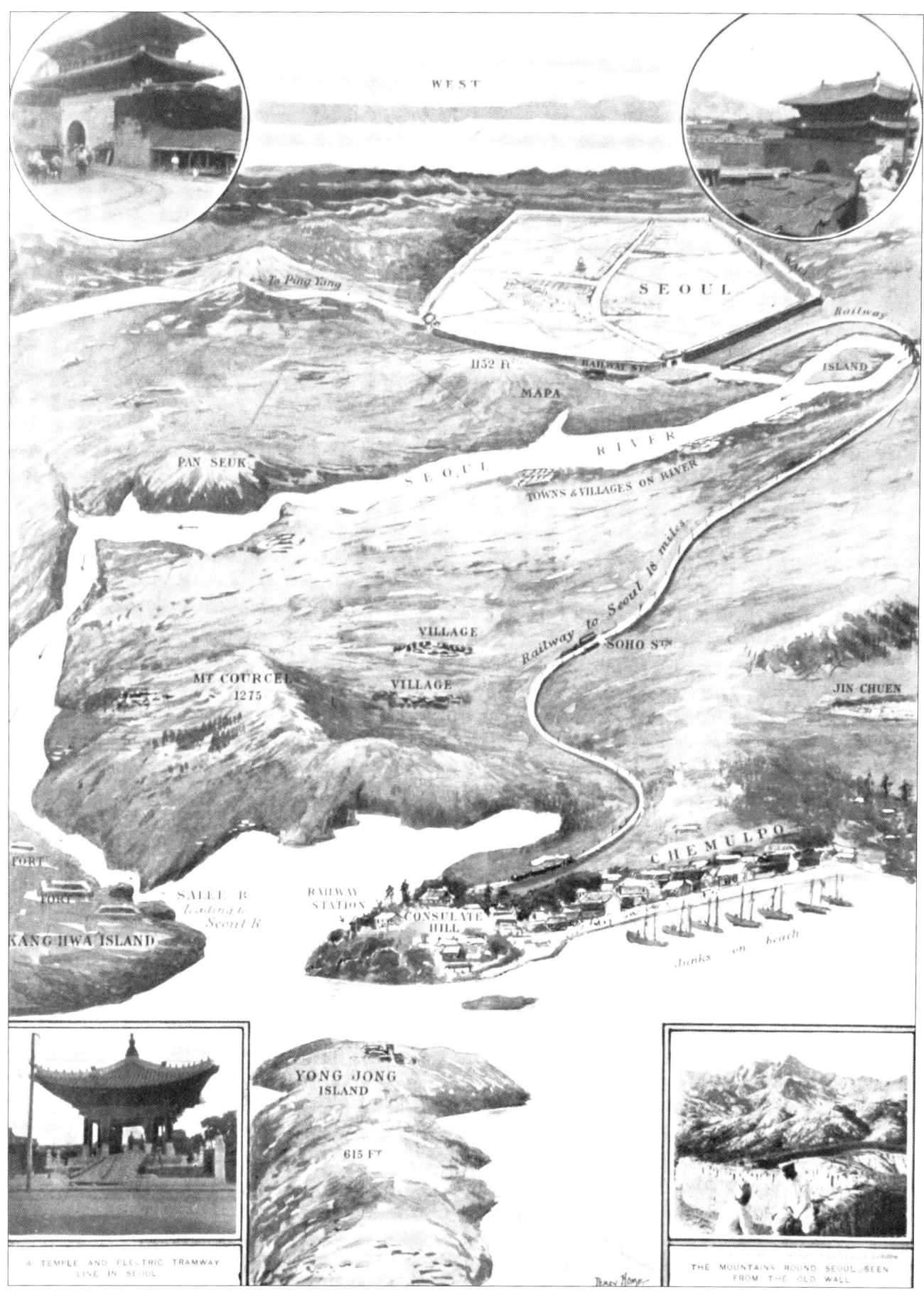

▲ 서울의 일본군 – 수도로 가는 길 Feb. 27, 1904, The Sphere, p.193.
서울의 절과 전찻길(하단 좌측), 옛 성벽에서 본 서울 주변의 산들(하단 우측)

▲ 서울에 도착한 영국 해병 Mar. 12, 1904, The Sphere, p.242.

▲ 서울에 나붙은 일본의 대러시아 선전포고문을 읽고 있는 조선인들   Mar. 19, 1904, ILN, p.426.

▲ 제물포 해변에 있는 군수물자를 지키는 일본 기병들 – 일본군의 첫 조선 상륙으로 역사상 가장 준비가 잘된 상륙작전 Apr. 9, 1904, ILN, p.531.
▼ 신일본의 손아귀 속에 있는 옛 조선 – 서울을 통과하는 천황의 군대 Apr. 23, 1904, ILN, p.610.
▼▶ 조선에서 임무를 수행하는 일본군 의료지원팀 – 의료지원팀의 감독하에 의료품들을 해변으로 옮기는 노동자들 Apr. 9, 1904, ILN, p.532.

▲ 압록강을 향해 북진하는 일본군 행렬 – 조선에 주둔한 일본군들의 고생스러운 진격 Apr. 16. 1904. ILN. p.555.

이천 방향으로 진군하는 일본군대 – 압축 사료를 지고 가는 노동자들 ▲
Apr. 23, 1904, ILN, p.611.

서울 남대문 역에 도착한 일본군 ▲▶
Apr. 23, 1904, ILN, p.613.

서울에서의 전쟁과 평화 – 야영장 앞에 보이는 전형적인 조선 가옥▶
Apr. 23, 1904, ILN, pp.614~615.

5장 조선의 풍경과 러일전쟁(1897~1905)

▲▲ 대동강을 건너 평양으로 전진하는 일본 기병대 Apr. 30, 1904, The Sphere, p.101.
▲ 조선의 옛 수도 평양에 집결한 일본군을 구경하는 조선인들 Apr. 30, 1904, The Sphere, p.101.

▲ 일본 전달병과 마을을 지키는 장승 Apr. 30, 1904. The Sphere, p.105.

◀ 압록강 도강 – 큐리엔쳉에서의 일본 승리와 의기충천한 일본군의 여러 모습
May 7, 1904, ILN, pp.678~679.

▲ **보도 통제로 조선에서 애를 먹는 특파원들**　May 7, 1904, The Sphere, p.125.
특파원들은 정보 수집에 애를 먹고 있다. 모든 전보 또한 감시당하고 있다. 여러 특파원들이 열두 시간 안에 진남포에서 철수할 것을 명령 받기도 했다.
이 그림은 일본 감찰관이 특파원의 자격증을 검사하는 장면이다.

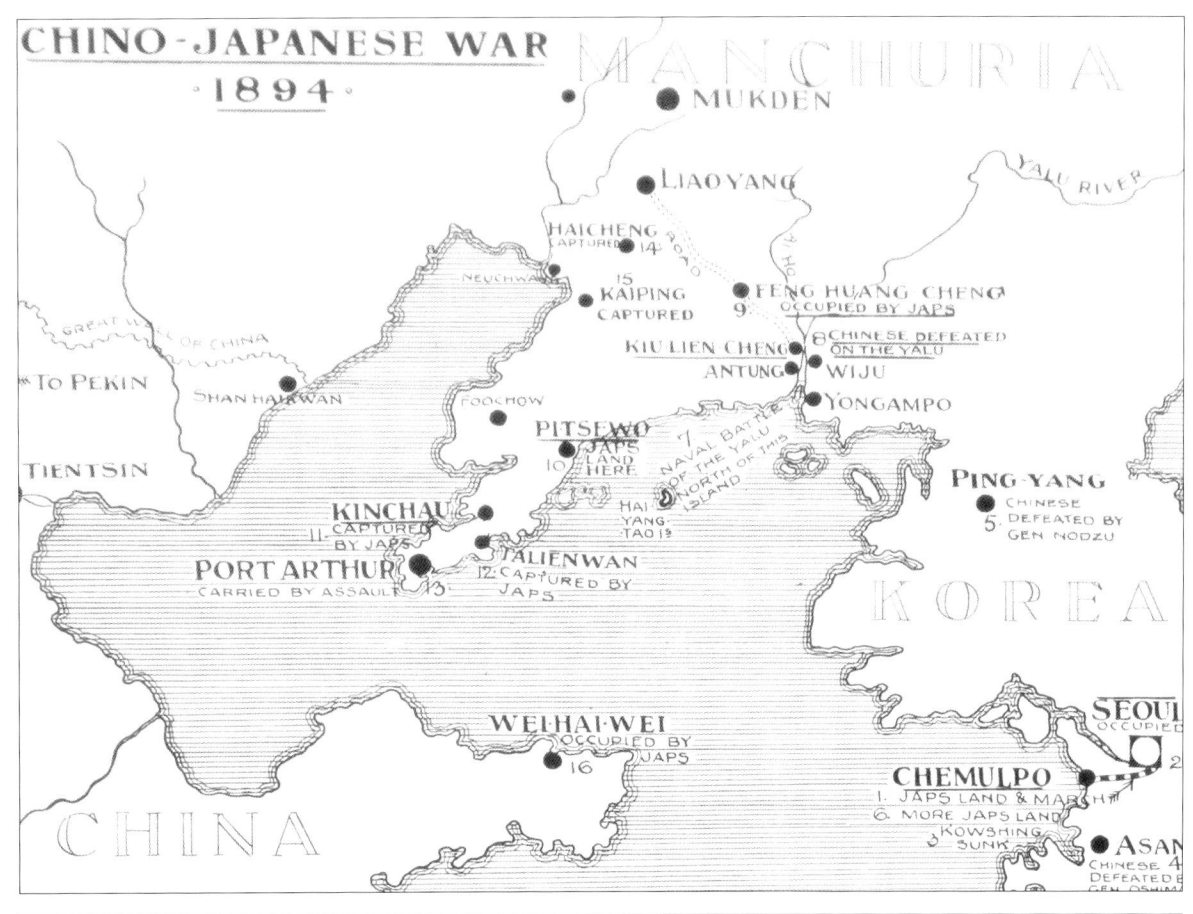
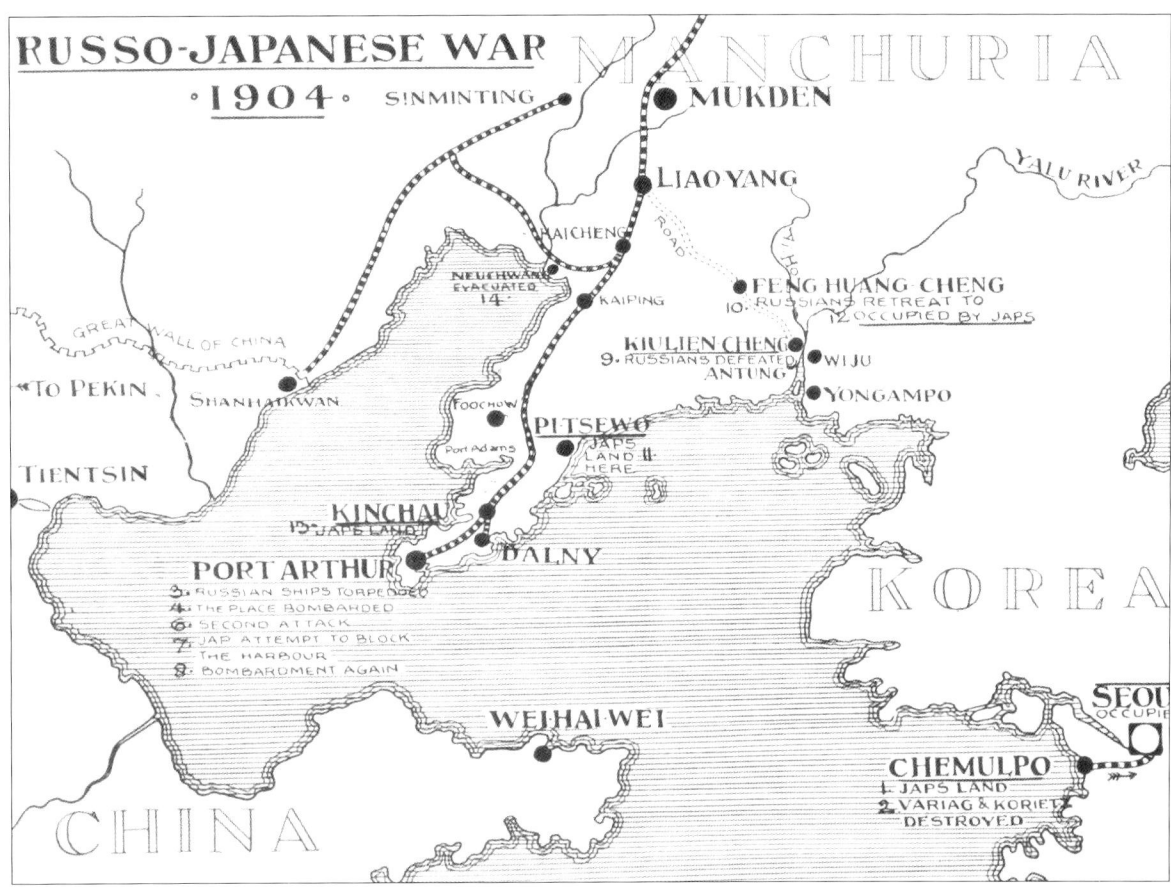

▲ "역사는 반복된다" – 1894년의 청일전쟁과 1904년의 러일전쟁을 비교하는 지도 May 14, 1904, ILN, p.726.
청일전쟁과 러일전쟁 중 다롄에 접근하는 일본군. 1894년의 군사 이동이 현재의 전쟁과 거의 흡사하다.
위에 가장 유사한 점들을 연대순으로 표시하였다. 동일한 지점들은 지도에 숫자로 표시해두었다.

▲ **승리를 위한 도로 건설**　May 14, 1904, ILN, p.734.
전투에서 승리하게 된 주된 이유는 훌륭한 도로와 교량을 신속하게 건설할 수 있었기 때문이다.
압록강 진격 시 일본 공병대는 뛰어난 도로 보수 기술을 보여주었다. 홍수로 범람된 논이 문제되지 않은 것도 그림에서 보듯이 나무를 잘라
통나무 도로를 건설했기 때문이다. 조선의 기존 도로들은 모두 다시 만들어졌다.

▲ 승리의 길로 이끈 교량 건설 – 전투에서 승리로 이끈 일본 공병대의 통신부대 May 14, 1904, ILN, p.735.
평양 건너편의 대동강을 가로지르는 다리를 건설한 일본 공병대의 기술은 뛰어났다. 이것이 압록강 전투와 큐리엔청의 승리를 가져왔다. 일본군이 건설한 교량은 아주 짧은 시간에 건설되었음에도 대단한 영구성을 가진다.

◀ 조선 왕궁을 나오는 이토 May 14, 1904, The Sphere, p.143.

◀ 일본의 과학전 – 조선의 오두막에 있는 야전전화   May 21, 1904, ILN, no.3396.
조선을 가로질러 진격하는 동안 전화는 수시로 사용되었으며 일본 육군은 가는 마을마다 통신실을 마련했다.

▼ 진남포에 있는 일본 보병의 상륙을 위한 상륙지점 "하토바"   Jun. 4, 1904, ILN, p.854.

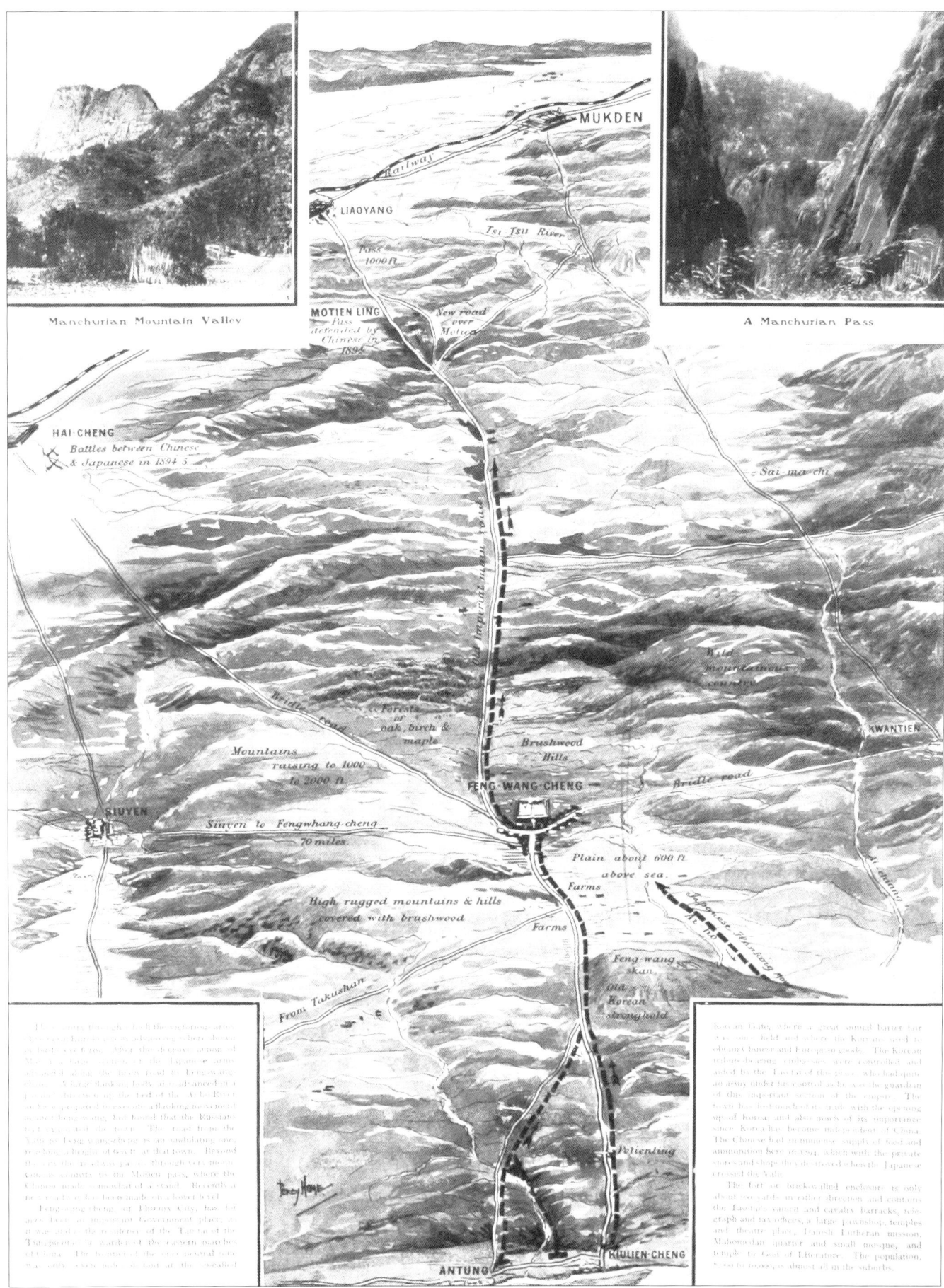

▲ 러시아군의 퇴로 May 14, 1904, The Sphere, p.145.
책문Korean Gate에 대한 설명과 함께 지도에 옛 요새가 보인다.

▲ **불타는 왕궁 – 서울에 있는 조선 황제 알현실의 대화재**　Jun. 11, 1904, The Graphic, p.784.
왕궁의 웅장한 알현실이 화재로 잿더미가 되었다. 화재가 나는 동안 서울 주변의 높은 산들이 훤히 밝혀졌고 거리는 온통 동분서주하는 분노한 백성들로 가득했으나 즉각 일본군이 출동하여 질서를 회복하였다. 영국공사관의 수비병들이 화재 진압에 큰 공을 세웠다. 다행히 인명 피해는 어린아이 한 명으로 그쳤다.

◀▲ **황소 탄 일본 장교**　Jun. 4, 1904, The Sphere, p.219.
◀▲ **평양 외곽에 진을 친 일본 보병**　Jun. 4, 1904, The Sphere, p.219.
◀ **평양으로 입성하는 일본 제2군단**　Jun. 4, 1904, The Sphere, p.219.

▲ 무해한 조선군 - 왕궁을 지키는 조선군 Jun. 11, 1904, The Sphere, s.iv.

◀◀ 조선군 사령관 Jun. 11, 1904, The Sphere, s.ii~iii.
◀ 바둑을 두고 있는 병조참모 Jun. 11, 1904, The Sphere, s.ii~iii.

▲ 조선에서 성업 중인 일본 주보 Jun. 25, 1904, ILN, p.951.

5장 조선의 풍경과 러일전쟁(1897~1905) _ 134 • 135

▲◀ "스파이를 죽여라!" – 러시아군에게 정보를 준 조선 스파이를 총살하는 일본군
Jun. 25, 1904, ILN, p.956.

▲ 조선인 마을의 일본 정찰대 Jun. 25, 1904, The Sphere, p.295.

◀ 범선과 범선이 만날 때 – 압록강 어귀에서의 기이한 접전
Jul. 9, 1904, The Graphic, no.1806.

하루는 효소요 제독이 함선 한 척을 정찰 보냈는데 그 함선의 야마구치 선장이 조선 범선에 여섯 명을 태우고 최대한 강 상류까지 올라갔다.
그들은 러시아군이 가득한 함선을 만나 1시간 이상 전투를 치렀다. 결국은 일본군이 러시아군 배를 강변에 좌초시켰다.

▲▲ **구경꾼들** Jul. 2, 1904, The Sphere, s.i.
▲ **압록강 전투 – 의주 건너편에 있는 러시아군 요지를 바라보면서** Jul. 2, 1904, The Graphic, p.5.

강둑 위에서 일본 선발대가 그들이 점령한 킨타도와 본토를 연결하는 교량을 설치하고 있었다. 강 건너 멀리 체란칸 읍이 자리 잡고 있었고 그 우측 중간에 벽으로 둘러싸인 붉은 건물이 확연하게 보였다. 그것은 러시아가 점령한 킹팅도의 만주 세관 건물이었다. 바로 그 뒤쪽으로 1마일 이상 떨어진 곳에 언덕들이 모래 평원 위로 우뚝 솟아 있고 뭉툭한 원추형 언덕 정상에 돌출부를 이루며 험굿은 검은 물체와 함께 평야 쪽으로 불쑥 튀어나온 러시아 측의 중장비 토루가 선명하게 보였다. 그 주위에 한 무리의 사람들이 있음을 알 수 있었다. 교량 바로 위로 포탄이 몇 차례 날아가며 포 소리가 들려왔는데 사정거리가 너무 먼 것은 아니었는지 궁금했다.

◀ 전방으로 가는 도중의 일본 야전 통신대
Jul. 9, 1904, The Graphic, s.1.

▼ 부상병과 환자들의 고된 이동 – 제물포에서의 모습
Jul. 9, 1904, The Graphic, s.1.
압록강전투에서 부상당한 일본 군인들의 대부분은 조선의 우마차로 제물포를 통과해 나갔다. 이 마차들은 스프링이 없어 매우 불편하다. 앉아서 갈 수 있는 부상병들만 이 마차를 이용할 수 있다.

6장
대한제국의 멸망
(1906~1911)

◀ 동아시아로 영토를 확장하려는 일본 - 이토와 그의 수행원, 일본의 조선 합병을 성사시키다 Jan. 27, 1906, The Graphic, p.101.
극동의 정치 상황에서 가장 획기적인 사건은 1905년 11월 일본과 한국 사이의 조약 체결이었다. 이 조약(한일의정서)으로 은둔의 나라는 일본의 식민지가 되었다. 이 의정서 합의를 위하여 서울에 도착한 이토는 황제를 설득하기 위해 열변을 토했다. 결국 이러한 조치가 불가피하다는 것을 조선의 황제에게 설득하는 데 성공. 조선의 외교권이 일본으로 넘어가면서 이 외교권 수행을 위해 조선에 통감부를 두고 개항장과 그 외에 필요하다고 생각되는 곳에 영사관을 두기로 하였다. 이에 조선인들이 크게 상심하여 자살하는 이들이 있었다. 하지만 이러한 개혁이 최선이라는 데는 추호도 의심할 여지가 없다. 조선 조정은 오랫동안 극동의 웃음거리가 되어 오면서 외국 간섭이 불가피했기 때문이다. 이토에 의하면 일본은 지혜롭고 친절하게 개혁의 길로 조선을 이끌 것이다. 아울러 새 식민지 조선의 거대한 지하자원을 개발하게 될 것이다.

▲ 조선이 만국회의에 제외된 것을 항의하기 위해 헤이그로 간 조선 대표단 Jul. 13, 1907, ILN, p.46.
일본이 조약상 해외에서 한국을 대표하는 권리를 확보하였기 때문에 조선은 헤이그(2차 만국 평화회의)에 대표단을 보낼 수 없었다. 그러나 조선 대표단이 이를 항의하기 위해 헤이그로 향했다. 전 서울대법원 판사인 이준, 전 차관인 이상설, 전 주러시아 조선 공사의 아들 이위종 왕자로 구성되었다.[7]

◀ 왕위에 오르지 못할 소년 Sep. 3, 1910, The Sphere, p.210.

▲ 퇴위한 조선의 황제와 그의 후계자 Jul. 27, 1907, ILN, p.123.
이띤이 퇴위하고 황태자가 승계했다. 이띤은 황권을 포기한 후 곧 후회했고 자기 이들을 제거하려는 음모를 시작했다.[6] 조선 정부는 이제 일본 총독의 손에 들어갔다.

▶ 조선의 마지막 황제
Jul. 27, 1907, ILN, p.140.
종말의 시작 – 일본의 조선 합병이 조선 황제와 황후에게 통보되다(좌), 황제의 공식 초상화 – 프랑스 화가의 작품이다(우).
유럽과 미국의 신문 특파원들을 맞는 조선의 황제 – 『런던뉴스』지의 특파원 프레드릭 빌리어스가 특파원들을 소개하고 있다(하).

▲▲ **조선의 교훈** Aug. 31, 1907, The Sphere, s.i.
"조선의 멸망은 중국에게 교훈이 될 것이다. 다른 열강들이 서울에서 일어난 것을 그대로 모방하려 들기 전에 중국은 정신을 차려야 한다. 최악의 정부 형태를 가진 중국의 경우 현재의 통치 정신이 사라지면 위기에 처하게 되고 결국 계략의 희생물로 전락할 것이다." — 하야시 후작

▲ 1. 일본인들로부터 탈출한 조선인 편집국장 2. 조선인 편집부국장들의 일하는 모습 3. 조선 『데일리뉴스』의 전 소유주 베델 씨 Aug. 22, 1908, ILN, p.259.
조선 『데일리뉴스』의 조선인 편집자가 일본인에 의해 공금 횡령죄로 체포되었으나 탈출하여 당 신문의 전 소유자 베델 씨 사무실로 피신했다. 베델 씨는 그의 사무실에 영국 국기를 달고 일본인에 대항했다.

◀ **조선의 쿠데타** Sep. 14, 1907, ILN, p.379.
퇴위한 황제와 후계자. 서울 황궁에서.
중앙 창가의 흰 옷을 입은 두 사람은 퇴위한 황제 이흥(고종 ; 우)과 새 황제(순종 ; 좌)이다. 왼쪽 창가에 어린 황태자 영친왕이 두 내시 사이에 보인다. 황제가 원로원에 의해 강제 퇴위당했다는 것을 기억해야 할 것이다. 그의 퇴위로 조선은 완전히 일본의 손아귀로 넘어갔다.

▲ **당시 조선의 여러 풍경** March. 17, 1906, The Sphere, p.254.

1. 조선에 정착한 일본인 – 일본 보호하의 조선은 비위생적인 습관을 버려야 할 것이다. 특히 서울은 더 이상 예전처럼 하수로 인해 오염되지 않을 것이다. 조선의 상징인 도로의 나무둥지가 뽑혀 나가 조선이 실제로 변하고 있다는 것을 보여준다.
2. 일본이 새로 획득한 항구 중의 한 곳 – 제물포는 이제 일본의 새로운 속국인 조선의 주요 항구 중의 하나가 되었다. 번화가에서 천주교성당 쪽을 바라본 장면이다.
3. 조선의 도로 현대화 – 새로운 산하에 일본의 조용한 조선 침식이 크고 있다. 서울의 남북 교통을 망상시키는 일이 수신되고 있다.
4. 그네 타는 조선 청년 – 일본의 새 식민지 조선의 청년들은 대부분의 시간을 두 가지 기이한 취미로 소일하고 있다. 겨울에는 많은 사람들이 부상당하는 석전에 몰입하고, 여름에는 나무에 맨 새끼줄 그네에서 그네타기를 즐긴다.
5. 일하며 노는 조선인(농악대) – 일본의 새 식민지 조선에서 일은 노는 것과 구분이 잘 안 된다. 조선의 일꾼들이 장구를 치며 소리를 하는 사람에 맞추어 길에서 흙을 푸는 것을 볼 수 있다.
6. 다듬이질하는 조선의 소녀들 – 일본 새 식민지의 좁고 더러운 길이 조선인들이 입는 흰 옷을 다듬이질하는 소리로 가득 메워진다.

▼ 조용한 아침의 나라에 나타난 자동차 – 조선의 수도에 처음 출현한 서양의 괴물, 자동차
Feb, 20, 1909, The Graphic, p.229.

▲ **은자의 왕국을 여행한 화가 – 톰 브라운이 본 기이한 조선인들** Dec. 4, 1909, The Graphic, p.761.
조선은 웃기게 생긴 모자의 나라로, 말총으로 정교하게 짠 꼿꼿하고 투명한 갓에서부터 길이가 2미터가 넘고 반경이 1.5미터나 되는 비막이 모자(이는 어떠한 우산보다도 몸 전체를 잘 막아줄 수 있다)에 이르기까지 모자의 종류는 매우 다양하다. 의복들도 매우 기이해서 흰색 두루마기가 휘날리는 것은 마치 상복을 보는 것 같아 기분이 불쾌하다.
1. 짐꾼 2. 정식 상중임을 보여주는 큰 모자 3. 아이를 업고 있는 하층민 여성 4. 가마 5. 서울에서의 쇼핑 6. 인력거꾼 7. 서울의 여성
8. 큰 짐을 운반하는 짐꾼 9. 열네 살짜리 어린 신랑 10. 바람둥이 남자 11. 상투 12. 온순한 황소

▲ **톰 브라운이 본 기이한 조선인들** Jan. 29, 1910, The Graphic, p.153.
솜바지, 말총으로 만든 투명한 갓, 상투 등 동양에서 가장 웃기는 모양들을 목격한 『그래픽』지 특파원 화가 톰 브라운이 그렸다. 전형적인 조선인 부류, 꾀죄죄한 시골양반에서부터 부채를 든 난봉꾼까지 다양하다. 약삭빠르고 주제넘은 일본인들이 조선인들을 서서히 나무꾼이나 물 긷는 사람 정도로 전락시키고 있다.
1. 조선인 소년 2. 여러 유형의 조선인 3. 조선의 일본인 4. 멋쟁이 5. 서울 하천 위의 다리

▲ **평화로운 개혁 – 서울을 개혁한 이토 히로부미의 업적을 보여주는 사진들** Sep. 26, 1908, The Graphic, p.365.
지난 50년간 겨우 서구의 개발 방식을 배워 익힌 일본이 조선에 축복을 부여하고 있다. 일본은 조선에 대해 커다란 관리 능력을 보유하고 있다. 이토 총독 덕분에 2년도 채 못 돼 여러 가지 평화로운 개혁이 이루어지고 있다. 그동안 조선에는 20만 인구의 서울 백성을 위한 제대로 된 보건 시설 하나 없었다. 제국병원 의과대학에 조선인 학생 50명이 교육을 받고 있다. 향교에서 하는 유교식 교육 제도가 신식 교육으로 대체되었다. 이토가 직접 찍은 다음 사진들은 1. 현대식 수술실 2. 서울 병원의 병동 3. 학교의 화학실험실(칠판에는 서양의 화학 공식에 일본어가 씌어 있다) 4. 신식 교실(교복도 현대식이다) 등을 보여준다.

▲ **이토 히로부미 암살범 재판 장면** Apr. 16, 1910, The Graphic, p.536.
1. 암살범 "안" 2. 공범 "류" 3. 공범 "우" 4. 공범 "서" 5. 재판 장면 – 피의자가 송치되는 것을 보기 위해 모여든 군중들. 비어 있는 벤치가 죄수용이다. 6. 이토 히로부미의 암살범을 데려가려고 다롄 법정 밖에서 기다리는 일본의 죄수 호송차

6장 대한제국의 멸망(1906~1911)

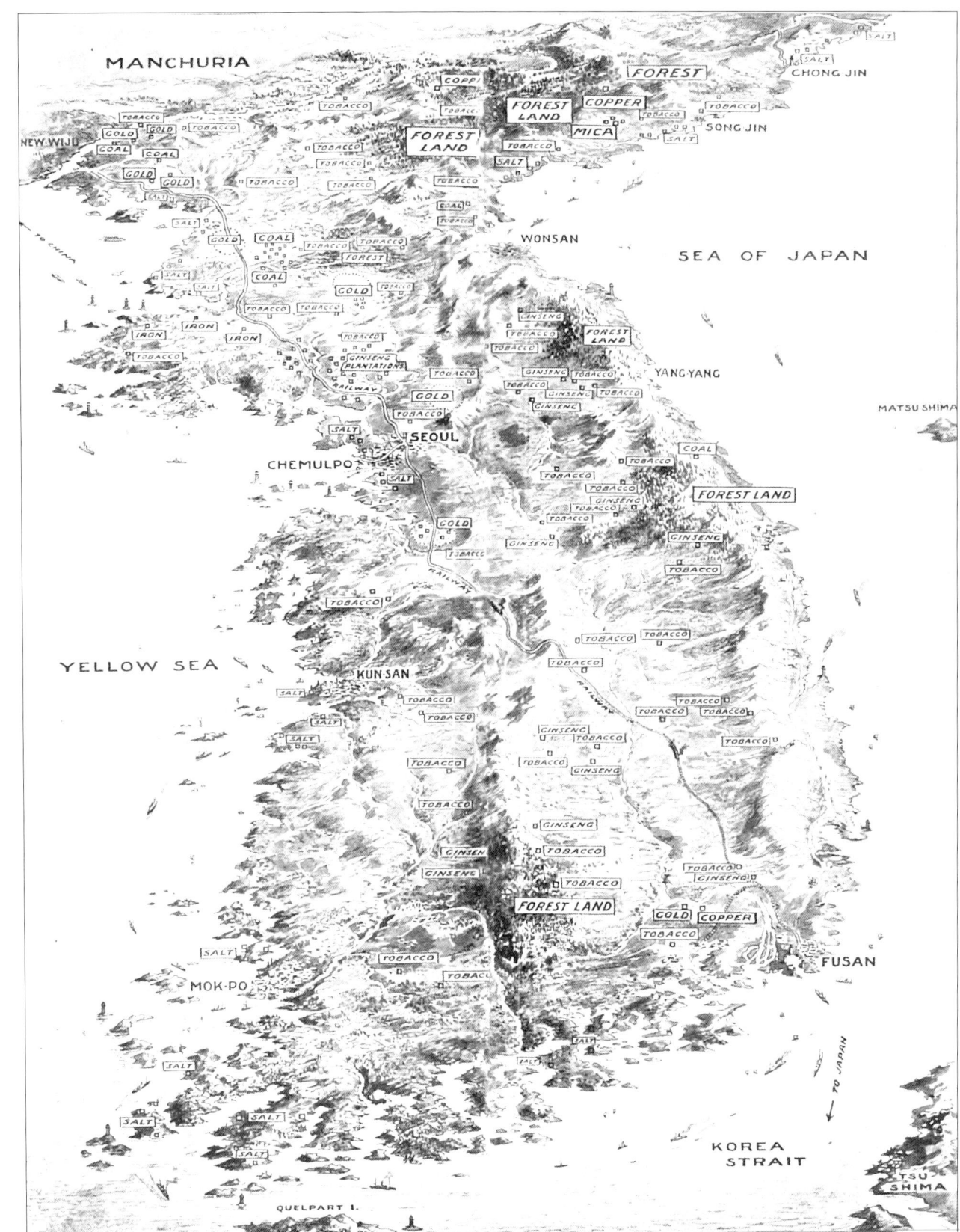

▲ 일본에 합병된 부유한 나라 – 전 세계는 일본의 조선 통치가 유익한 일이라고 생각한다 Sep. 3, 1910, ILN, p.346.

며칠 전 도쿄에서 공식 조인된 합병조약에 의해 이제 일본 제국의 일부가 된 조선은 사실상 1905년 9월 러·일 평화 협상이 체결된 후 일본의 통치하에 들어간 상태였다. 그 협상은 러시아가 일본의 조선 통치를 방해하지 않고 조선에서의 일본의 방대한 이권을 인정한다는 내용이었다. 조선에서의 일본의 영향력은 1895년 이후부터 명백했다. 특히 일본이 조선 황족의 안전과 조선 국토의 독립을 보장하기로 하고 동시에 조선 정부가 행정 개혁에 대해 일본의 권고를 받아들이기로 한 1904년 이후 더욱 확실해졌다. 새로 부임한 통감은 합병에 즈음하여 "조선에서의 일본 통치가 조선인들에게 이로운 일이라는 것을 조선을 비롯해 전 세계가 느끼도록 최선을 다할 것이다. 조선인들이 모욕감을 갖지 않고 오히려 일본의 합병으로 기뻐할 수 있도록 모든 노력을 기울이겠다는 것이 일본과 일본 천황의 바람이자 공약이다. 새로운 식민지를 통치하는 일본은 조선의 자원 개발과 조선의 경제를 꾸준히 발전시키도록 할 것"이라고 말했다. 이 사진들은 옛 조선의 상태와 일본 통치하의 새 조선의 상황을 보여준다. 이제 대한제국은 조센이라 불릴 것이라고 한다.

1. 옛 조선의 원시적인 '축사' 같은 감옥 – 지금은 사용되지 않는다. 2. 옛 조선의 공개 재판 – 법원에서 일본인들이 폐지했다. 3. 옛 조선의 교육 – 시골학교 학생들. 4. 구식 심문법 – 경찰서 안팎에서 죄수를 심문한다. 5. 신조선의 위생적인 현대식 교도소 – 일본인이 서울에 세운 교도소. 6. 신조선에 일본의 법제 도입 – 서울의 고등법원. 유럽식 제도를 채택했다. 7. 신조선의 교육 – 일본인이 세운 최신식 보통학교. 8. 새로운 방식의 심문 – 조선에 있는 일본 경찰에서의 조사.

▲ **사실상 포로가 되어버린 왕비 - 두 자녀를 가진 구 일본 총독의 부인과 함께 있는 조선의 전 왕비 엄비.** Nov. 12, 1910, ILN, p.749.
엄비는 시녀였다. 조선 황제가 그녀의 아름다움에 매료되어 그녀를 둘째 부인으로 삼았다. 첫째 부인이 죽고 엄비의 아들이 황태자가 되자 그녀는 왕비가 되었다. 일본의 조선 합병 이후 조선의 모든 황족은 척결되고 이제 그들은 궁의 작은 부분을 차지하고 있을 뿐이다.

◀ **일본의 새로운 땅 조선에서 조심스러운 일본 - 서울에 있는 옛 황궁 밖에서 보초를 서고 있는 미카도의 군인들** Sep. 17, 1910, ILN, no.3726.
조선이, 일본의 속국이라는 사실이 완연해진 서울. 국명이 조선으로 바뀌었다. 그 외의 모든 변화들도 급진적일 것으로 보인다. 우리 특파원의 말을 빌리면 "철도, 도로, 관개시설이 급속도로 건설되고 있다"고 한다. 어느 곳에서나 수천 명의 중국인과 만주인 노동자들이 일본에서 온 십장들의 감독하에 땅을 파고 있다. 한편 조선인들은 그늘에 앉아 담배만 피워대고 있다. 본지 삽화를 보면, 서울에 있는 조선의 황궁 밖에서 보초를 서고 있는 일본 병사를 볼 수 있다. 좌측에서부터 우측으로 몸매를 감추도록 지어진 얇은 녹색 마고자를 입고 있는 서울의 여인들, 검은 말총으로 만든 기이한 갓을 쓰고서 장죽을 피우고 있는 서울의 중산층 남자, 상중임을 나타내려고 머리와 얼굴을 완전히 덮는 커다란 망건을 쓰고 있는 남자와 짐을 진 서울의 노동자가 보인다.

▲ **엄비의 장례** Dec. 16, 1911, ILN, pp.1029~1030.

1. 삼베로 된 상복을 입고 일산(日傘) 밑에 보통 가마를 타고 가는 이는 상주로 엄비의 아들이자 조선의 전 황태자가 상주이다. 2. 상복을 입은 120명의 상여꾼들, 그 위에 종을 들고 있는 앞소리꾼. 엄비의 시신을 실은 상여가 지나가고 있다. 3. 사자의 영혼이 타고 가도록 상여 앞에 종이로 만든 말들.

"이상한 나라 조선은 이제 일본에 의해 급속도로 서구화되고 있다. 이에 따라 이 나라의 이상한 모습들은 대부분 곧 사라질 것이고 엄비에게 베푼 왕실 장례식 같은 것도 앞으로는 절대 볼 수 없을 것이다. 시신이 안치된 궁중 뜰은 작은 촛불들로 밤새 밝혀지고, 날이 밝자 운구가 궁을 떠났다. 전통에 따라 여섯 마리의 종이로 만든 말이 운구를 앞장섰다. 이것은 사자의 영혼이 타고 가도록 마련된 것으로 세 마리에는 안장이 있고 나머지 세 마리에는 안장이 없다. 운구는 120명의 베옷을 입은 남자가 운반하는데 그들은 서서히 움직이며 슬픈 곡을 반복한다. 운구 위의 한 남자가 종을 들고 서서 장례식을 집전한다. 첫 번째 사진에 전 황태자인 상주(엄비의 아들)가 보이는데, 그는 문상객들이 입는 베로 된 상복을 입고 보통 가마를 타고, 일산을 쓰고 있다. 세 번째 사진은 이른 아침에 서울의 동대문으로 뻗은 길을 지나는 장례 행렬이다. 첫 번째 사진과 두 번째 사진은 서울서 20리 되는 장지 근처에서 나중에 찍은 것들이다."

... 해설

이 책에 실린 조선 관련 삽화들은 모두, 런던에서 발간된 3대 주간 화보신문인 『런던뉴스』 『그래픽』 『스피어』지에 게재되었던 것들이다. 1858년부터 1911년까지 54년간 이 세 화보신문에 실린 조선 관련 삽화 276컷 중 261컷을 수록했다. 그 내용을 신문별로 정리하면 다음과 같다.

신문명	총 지면 수	삽화 컷 수	주로 다룬 주제
『런던뉴스』	55	120	조선 소개, 러일전쟁
『그래픽』	47	130	거문도, 청일전쟁
『스피어』	26	26	러일전쟁
총계	128	276	

위의 세 신문들은 소위 폴리오판(가로 30센티미터, 세로 42센티미터) 크기로 매주 토요일에 발간되었고, 처음에는 16쪽이었다가 곧 32쪽짜리 주간신문이 되었다. 삽화가 신문 전체 쪽수의 반 이상을 차지했으며 한 면에 여러 컷이 게재되기도 했다. 개인 수집가나 공공 도서관이 보관하기 좋게 6개월분(나중에 양이 많아질 때는 3개월분)씩 묶어 화려한 장정으로 제작했다. 백과사전이나 지도첩처럼 언제나 손쉽게 꺼내볼 수 있는 참고서 같은 역할을 했고 삽화를 게재하지 않은 일간지와 달리 풍부한 삽화로 생생한 현장감과 흥미를 불러일으켰다.

조선 관련 삽화의 선정 기준은 조선인, 조선 국토, 조선의 건축물이 들어간 것들과 삽화 설명에 'Corea', 또는 'Korea'라는 국명이나 조선 지명이 들어가 있는 것들이다. 청일전쟁 중 제물포 해전 장면에서 조선 땅이 보이지 않는 것들과 청일, 러일전쟁 중 압록강 Yalu 전투가 압록강 건너편의 안동 등지에서 일어난 경우도 제외했다. 하지만 만주의 책문 Korean Gate이나 조선 국경 담Korean Boundary Palisade이라고 표시된 것은 포함시켰다.

당시 영국의 조선관이나 관심도를 이해하려면 영국의 세계관을 먼저 이해해야 한다. 해당 기간인 54년 동안 게재된 2,790주 중에서 조선이 삽화와 함께 언급된 것은 단지 112주에 불과하다. 이것은 일수만으로 볼 때 4퍼센트에 해당하는 수치다. 쉽게 말하면 6개월에 한 번 조선이 다루어진 셈이다. 이 기간 중 일어났던 조선의 거문도 사건, 청일전쟁, 러일전쟁 등 큼직큼직한 사건들이 일어났음을 고려해볼 때 조선에 대한 영국의 관심은 매우 미약했다고 할 수 있다. 제국주의에 입각한 식민지 확장에 전력을 다하던 영국에게 크리미아, 인도, 티베트, 샴(지금의 타일랜드)을 비롯해 중국이나 일본이 조선보다 전략적으로나

경제적으로 더 중요했다.

또한 조선에 대한 부정확한 보도도 많았다. 고의는 아닐지라도 자의든 타의든 정보를 과장하거나 축소, 은폐하는 경우를 여기저기서 볼 수 있다. 예를 들어 조선의 면적이 프랑스와 비슷하다고 소개하는 기사가 있는가 하면 터번을 둘러쓴 인도인을 호기심 많은 조선인으로 설명하는 기사도 볼 수 있다. 청일전쟁 전후 영국 3대 주간 화보 신문들은 의병 문제와 민비시해사건을 전혀 다루지 않았다. 러일전쟁 기간에는 일본의 언론통제와 사주를 받은 흔적도 보인다. 보도 경위와 방향에서 다분히 친일적이었다. 영국이 일본을 러시아의 남하정책에 대항할 수단으로 만들고자 제1차(1902), 제2차(1905) 영일동맹을 맺으면서 이름만 독립국이던 조선이 일제의 속국이 되는 것을 눈감아준 셈이다. 그래도 한 가닥 영국의 마지막 양심을 드러낸 보도로는 『런던뉴스』지에 이준, 이상설, 이위종(만국평화회의 밀사들)의 사진 기사와 베델, 양기탁(매일신보 사건) 관련 보도와 『그래픽』지의 찰스 모리머 기자의 안중근 재판 장면 기사 정도였다.

『런던뉴스』지는 1842년 5월 14일에 세계 최초로 발간된 진정한 의미의 정규 주간 화보 신문이자 최대의 발행부수를 유지한 최장수 신문으로 그 유명세를 떨쳤다. 또한 세계도처에 종군 삽화가나 특파화가Special Artists를 제일 많이 파견한 신문으로도 유명했다. 『런던뉴스』지의 판매부수를 살펴보면 창간호가 26,000부, 6개월 후인 1842년 말에 60,000부, 1851년에는 130,000부, 1855년에는 150,000부, 1863년에는 한 주에 300,000부에 해당하는 판매고를 기록했다.

조선이 삽화로 처음 등장한 1858년에 200,000부 이상이 판매되었는데 이는 당시 영국 최고의 일간지 『타임스The Times』 판매 부수의 세 배에 해당하는 수치였다.

한편 1869년에 창간된 『그래픽』지는 비록 『런던뉴스』지보다 한 세대 늦은 후발주자이긴 했으나 삽화의 질이나 다양성에 있어 결코 『런던뉴스』지에 떨어지지 않았다. 특히 『그래픽』지는 어떠한 소재를 사용하는 화가라도 환영했다는 점에서 획기적이었다. 또한 『그래픽』지는 1895년 봄에 조선의 특징을 보여주는 조르쥬 비고George Bigo의 삽화 중 몇 장을 컬러로 재생하여 출판하기도 했다.

영국의 주간 화보신문으로는 가장 늦게 1900년에 창간된 『스피어』지는 마치 1904~5년의 러일전쟁과 그 이후 대한제국의 멸망을 세계에 알리기 위해 존재하기라도 하듯, 위의 3대 신문 중 동 기간에 조선 관련 삽화를 가장 많이 게재하였을 뿐만 아니라 러일전쟁의 전장인 조선과 만주의 지도를 다수 실었다.

지금까지 조선 관련 최조의 신문 삽화는 1858년 4월 20일자 『런던뉴스』지에 실린 부산포Fusankai와 조선인들Coreans이라는 두 개의 삽화로 알려져 왔다(KBS 역사스페셜 참조). 그러나 사실 이보다 2년 3개월 앞서 파리에서 발간된 『일뤼스트라시옹L' Illustration』지에 1856년 1월 19일자로 "조선의 동해안, 부산의 주민들Habitants du havre Chosan, Côte est de Corée"과 프랑스 "프리게이트 함 비르지니호의 부산항 입항Entrée de la frégate La Virginie au havre Chosan,

Corée"이라는 제목의 삽화 두 개가 먼저 게재된 바 있다. 비르지니호는 인도차이나 원정을 목적으로 1855년 1월 15일 브레스트 항을 떠났다. 『일뤼스트라시옹』지는 "인도차이나 원정"이라는 제호 아래 3회에 걸쳐 기사와 삽화를 게재했으나 조선에 관한 언급은 일체 하지 않았다.

서양과 조선의 첫 만남(하멜처럼 표류해서가 아니라 자발적인 의도에서의 만남)은 1797년 10월 14일과 15일 양일간 부산 용당포의 영군함 프로비던스호의 윌리엄 브로톤William Robert Broughton 선장 일행과 주민들의 만남으로 이루어졌다. 이보다 10년 앞서 프랑스의 라페루즈La Perouse가 동해안을 지나며 울릉도와 독도를 각각 다쥴레Dagelet와 리앙쿠르Liancour라 명명하며 라페루즈 항해기에 기록을 남겼으나 조선 주민들과의 접촉은 전혀 없었다. 『일뤼스트라시옹』지에서 부산을 '초산Chosan'이라고 표기한 것은 1804년 런던에서 출판된 영국의 윌리엄 브로톤의 항해기 『북태평양 탐험기A Voyage of Discovery to the North Pacific Ocean』에서 그대로 따온 것일 가능성이 크다. 브로톤 일행이 부산 용당포 주민들에게 그곳의 지명을 물었을 때 언어소통 문제로 "조선"이라는 국명을 댄 것을 항해기에 'Chosan'이라고 영문 표기하는 오류를 범했다. 『일뤼스트라시옹』지의 경우 실제로 방문하여 주민들을 만나 확인한 지명이 아니라 인도차이나 원정을 주목적으로 항해한 비르지니호의 누군가가, 혹은 『일뤼스트라시옹』지의 누군가가 브로톤 항해기의 오류를 그대로 답습해 표기한 것으로 볼 수 있다.

조선 관련 기사가 주간 화보신문에 최초로 게재된 것은 단연 『런던뉴스』지로, 창간 후 1년 반 만인 1843년 11월 4일자에 "조선에서의 천주교 박해"라는 제목의 기사가 실렸다. 그러나 기사 내용은 1839년 9월 21일에 있었던 앵베르 주교와 모방, 샤스탕 신부의 처형에 관한 것으로 사건보다 4년 2개월이나 지난 기사였다. 70명의 교인이 참수되고, 180명이 교수되었다고 정확한 인명까지 제공하고 있으나 신문의 뉴스 기사라기보다는 잡지 기사의 오래 묵은 정보 정도에 불과했다.

프랑스와 미국 신문들은 병인양요와 신미양요 이후 영국신문들만큼 조선을 다루지 않았다. 그만큼 조선에 대한 관심이나 이해관계가 없었다는 뜻이다. 프랑스, 미국, 영국이 자국과 관련 있는 조선에서의 사건을 다룬 것을 정리해보면 다음과 같다.

(프랑스) 『일뤼스트라시옹』	2일간	7컷+지도 2장	강화도
(미국) 『하퍼스 위클리』	2일간	8컷+지도 1장	강화도
(영국) 『런던뉴스』	3일간	4컷	거문도
(영국) 『그래픽』	9일간	39컷	거문도

위의 내용을 좀더 자세히 살펴보면 다음과 같다.
(1) 프랑스 파리의 『일뤼스트라시옹』지의 병인양요(1866) 보도

1867년 1월 19일 (4컷)
1867년 1월 26일 (3컷) +지도 2장

(2) 미국 뉴욕의 『하퍼스 위클리』지의 1871년 신미양요(조미전쟁) 보도
1871년 7월 8일 (3컷)
1871년 9월 9일 (5컷) +지도 1장

(3) 영국 런던의 『런던뉴스』지와 『그래픽』지는 거문도 삽화를 자세히 그려 보도했다.
『런던뉴스』
1865년 1월 7일 (2컷)
1886년 4월 3일 (1컷)
1887년 11월 26일 (1컷)

『그래픽』
1885년 7월 25일 (2컷)
1885년 11월 26일 (5컷)
1886년 10월 2일 (7컷)
1886년 10월 30일 (5컷)
1886년 12월 11일 (7컷)
1887년 1월 15일 (1컷)
1887년 2월 12일 (1컷)
1887년 4월 16일 (2컷)
1887년 8월 13일 (9컷)

병인양요 때는 쥬베르Zuber가 삽화를 그렸으며, 신미양요 때는 필리스 비토Felice Beato가 42장의 사진을 남겼고, 거문도 사건 때는 데이비스Davis 선장과 그렌펠Grenfell 선장이 거문도 사진첩을 남겼다. 거문도 사진첩에는 모두 46장의 사진이 정리되어 있다. 이 중에서 비토의 사진과 거문도 사진 일부가 삽화 형태로 주간 화보 신문에 소개되었다.

『런던뉴스』지가 1858년에 부산항과 부산 주민들의 삽화로 조선을 영국 독자들에게 소개한 후, 1865년에 거문도Port Hamilton를 운명적으로 소개한다. 이는 1845년 영군함 사마랑호로 에드워드 벨쳐Edward Belcher(1799~1877) 선장이 거문도를 탐사하고 쓴 『영군함 사마랑호의 항해기Narrative of the Voyage of HMS Samarang』(1848)에서 비롯된다.

1845년 사마랑호의 거문도 탐사 이후 1885년 영국이 거문도를 불법 점령할 때까지 40년간 다음과 같은 거문도 항해기 혹은 탐사기가 있었다.

항해 연도	선장명	국적	군함 명
1845	Edward Belcher	(영)	"Samarang"
1854	E. V. Putiatin	(러)	"Pallada"
1855	John Richard	(미)	"Saracen"
1857	E. V. Putiatin	(러)	"Pallada"
1859	John Ward	(미)	"Dove"
1863	E. Wild	(영)	"Swallow"
1867	Schufeldt	(미)	"Wachusett"
1878	St. John	(영)	"Sylvia"
1885	Dowell	(영)	"Agamemnon" 등

1875년 7월 20일 일본주재 영국공사 해리 파크스 경Sir Harry Parkes이 더비Derby 외상에게 영국해군이 즉각 거문도를 점령할 것을 강력히 건의했으나 당시 영국의 솔즈베리 정부는 8월 2, 3, 4일자 전문으로 점령 이외의 "다른" 수단을 동원하라는 훈령을 내려 보냈다. 이에 파크스는 주일 영국공사관의 서기관인 플런켓F. R. Plunkett에게 거문도를 방문하고 보고할 것을 명한다. 플런켓 일행은 3주간에 걸쳐 거문도, 부산, 대마도를 방문하고 그 결과를 나가사키에서 파크스에게 보낸다. 파크스는 같은 해 8월 24일 본국의 훈령에 동의하면서도 본인의 건의를 정당화하기 위해 1875년 8월 4일부터 6일까지 3일간의 거문도 방문기를 동봉하는데 그 외교문서가 런던 큐Kew 소재 영국 공문서 보관소Public Record Office에 소장돼 있다(FO46.257 No.107, Parkes to Derby, dated August 24 from Tokio).

여기서 잠시 『런던뉴스』지와 『일뤼스트라시옹』지의 보도 경쟁 관계를 영국과 프랑스 간의 국가 경쟁 관계로 비추어보는 것도 흥미 있을 것이다.

프랑스, 이태리, 독일, 영국의 신문이나 단행본들이 여러 번 『런던뉴스』지, 『그래픽』지, 『스피어』지에 이미 게재된 삽화를 전재한 적이 있다. 여기에 몇 가지 예를 열거하면 다음과 같다.

1894년 8월 25일자 『일뤼스트라시옹』지는 1888년 초봄 외무대신 조병식의 오찬에 초대 받은 미국 총영사 쉐이에 롱Chaille-Long 대령이 직접 찍은 사진을 정교하게 삽화로 게재했는데 이 삽화가 1894년 9월 1일자 『런던뉴스』지의 "서양 외교관들을 위해 조선 외무대신이 베푼 만찬Banquet Given to European Diplomats by the Corean Minister of Foreign Affairs"으로 재현되었다.

1904년 1월 23일자 『스피어』지의 "초미의 관심사 — 조선 수도 서울에 도착한 특파원 The Centre of Interest-the Arrival of a Correspondent at Seoul, the Capital of Korea"이 나중에 단행본으로 출간된 H. W. Wilson 의 『일본의 자유 투쟁Japan's Fight for Freedom』(London 1904~6. 3 vols.)에 다시 실리고 1904년 1월 30일자 『스피어』지의 "서울 주둔 외국 공사관의 보호The Defense of the Legations at Seoul in Korea"는 이탈리아 군사 전문지 『극동 전쟁』에 화가 살바토레가 그린 삽화로 재생되었다.

1904년 4월 23일자 『스피어』지의 "일본군의 조선 진격The Advance of the Japanese through Korea"은 1904년 7월 2일자 『일뤼스트라시옹』지에 그대로 실렸다.

1904년 4월 30일자 『스피어』지의 "조선의 일본 전령A Japanese Despatch-Rider in Korea"이 단행본 『러일전쟁La Guerre Russo-Japonaise』(Paris, 1904)에 다시 나오고, 1909년 2월 20일자 『그래픽』지의 "고요한 아침의 나라의 자동차A Motor-Car in the Land of Morning Calm"가 2주 후인 1909년 3월 7일자 『프티 주르날Petit Journal』에 컬러로 게재되었다.

러일전쟁 중 동일한 장면이 각기 다른 신문에 게재된 경우는 다음과 같다.

『스피어』	1904년 5월 7일	p.131. 대동강 부교건설	R. L. Dunn 사진
『런던뉴스』	1904년 5월 14일	p.735. 대동강 부교건설	O. Gerlach 사진
『스피어』	1904년 5월 7일	p.131. 평양근처의 일본군 14연대	R. L. Dunn 사진
『런던뉴스』	1904년 8월 30일	p.642. 부교 완공을 기다리며	R. L. Dunn 사진

서양인들이 조선국명을 'Corea'와 'Korea'로 표기하는 데 있어 그 기준이나 정책에 일관성이 없었다는 것을 알 수 있다. 그 좋은 예가 『런던뉴스』지로 1858년 4월에는 'Corea', 1865년 1월에는 'Korea', 1876년 8월부터는 다시 'Corea'로 했다가 1898년 3월부터는 'Korea'로 표기하는 등 표기의 일관성이 떨어진다. 『그래픽』지의 경우 1876년 8월부터는 'Corea', 1901년 11월부터는 'Korea'로 쓰고 있다. 『스피어』지는 1903년 11월까지 'Corea'를 사용하다 1904년 1월부터 'Korea'로 변경 사용한다.

서양인들이 항해, 탐사 후 조선의 지명을 자기나라 식으로 명명한 예가 많은데 그중 몇 가지만 보면 제주도Quelpart, 영흥만Broughton Bay, 원산Port Lazareff, 거문도Port Hamilton 등이 있다.

당시 조선을 그린 삽화가들에는 심슨William Simpson(1823~1899), 프라이어Melton Prior(1845~1910), 빌리어스Frederic Villiers(1852~1922), 프립Charles Edwin Fripp(1854~1906), 우드빌Richard Caton Woodville(1856~1927), 쉘든 윌리엄스Inglis, Sheldon-Williams(1870~1940), 세핑스 라이트Henry Charles Seppings-Wright(1937) 등이 있다. 영국 삽화 기자 중 가장 유명했던 심슨은 조선 관련 작품을 단지 한 장만 남겼다(『런던뉴스』지 1894년 9월 8일자 "변발과 상투Pig-tails and Top-knots"라는 제호의 기사와 삽화). 세핑스 라이트는 『런던뉴스』지 1897년 3월 19일자에 삽화를 제공했다. 프랑스인 조르쥬 비고가 청일전쟁 중 요미우리신문에 만평 네 장, 『그래픽』지에 20상 등 가장 많은 삽화를 남겼다. 그러나 영국인 삽화가 빌리어스는 비고가 전장에는 나가지 않고 안전한 항구에 머무르며 전쟁 삽화를 그렸다고 비판한다. 그 밖에 일본인 화가로 요시다Yoshida 외 두 명이 있었는데 이들은 서양신문의 삽화 여덟 장을 표절하기도 했다. 사진 기자로는 미국인 던R. L. Dunn과 잭 런던Jack London(1876~1916) 그리고 영국인 프레드릭 메켄지Frederic Mackenzie(1869~1931)가 러일전쟁 중 활약했다. 당시 사진술이 어느 정도

발달되어 있긴 했지만 전장이나 지진, 대화재 같은 급박한 사건을 적시에 현장에서 포착하기엔 촬영장비가 간단하지 않고 거추장스러웠다. 특파 삽화가는 예술가라기보다는 사진을 대신해 실제 상황을 전달하는 역할을 했다. 따라서 이들은 사실 그대로 보도하는 것을 목적으로 삼았다. 하지만 삽화는 사건을 극적으로 생생하면서도 과장된 연출이 가능해 사진보다 더 생생한 현장을 전달할 수 있었다.

영국 기자들은 세계적으로 취재해야 할 기사거리가 너무나 많았다. 전쟁 등 일련의 사단이 전 세계에서 끊임없이 일어나고 있었기 때문이다. 자국과 이해관계가 깊은 국가의 사건들을 우선적으로 취재해야 했으므로 극동, 그중에도 조선 같은 작은 나라에 보도화가를 특파하는 경우는 드물었다. 조선의 개국 전후로 해서 청일전쟁 이전까지는 그 대응책으로 영국해군과 해병의 현역 장교 중 뉴스전달에 필요한 기본적인 소양과 학식을 갖추고 그림그리기에 관심과 재능이 있는 사람들의 도움을 받아야 했다. 보도화의 단점은 현장 내용이 충실하게 스케치되어 본국에 보내지더라도 본국에서 그 스케치를 저본으로 신문의 대량 인쇄를 목적으로 목판에 판각 작업을 해야 하는 판각사들에 의해 왜곡될 수 있다는 데 있었다.

참고로 세계 화보 신문들 중 중요한 것들만 발행 연대순으로 열거하면 다음과 같다.

The Illustrated London News	London	1842~2003년 5월 14일
L' Illustration	Paris	1843년 5월 4일~1944년 6월 24일
Illustrierte Zeitung	Leipzig	1843년~1944년 7월
Frank Leslie's Illustrated Newspaper	New York	1855년 12월 16일~1891년 11월 28일
Le Monde Illustré	Paris	1857년
Harper's Weekly	New York	1857년 1월 3일~1976년 9월 6일
Uber Land und Meer	Stuttgart	1858년 11월 15일~1923년 9월
Harper's Bazaar	New York	1867년 11월 2일~1989년
The Graphic	London	1869년 11월 4일~1932년 4월 23일
L' Illustrazione Italiana	Milan	1875년 11월 1일~1962년
Black & White	London	1891년 2월 6일~1912년 1월 13일
Collier's Weekly	New York	1895년 9월 19일~1904년 12월
The Sphere	London	1900년

이외에 프랑스의 『라 비 일러스트레La Vie Illustrée』 『르 프티 파리지엥Le Petit Parisien』 『르 프티 주르날Le Petit Journal』지에 조선 관련 삽화가 있으나 이들은 모두 일간지의 주말 부록 속에 삽화로 게재된 것들이었다.

참고문헌

Chang, Andrew and Julie Lieberman. *A Survey of Illustration*. Design House. Korea. 2002.

Chatto, William Andrew and John Jackson. *A Treatise on Wood Engraving, Historical and Practical*. London ; Chatto & Windus. 1861.

Engen, Rodney K. *Dictionary of Victorian Wood Engravers*. Cambridge. 1985.

Forbes, Archibald. *Memories and Studies of War and Peace*. London ; Cassell. 1895.

Fox, Celina. *Graphic Journalism in England during the 1830s and 1840s*. A doctoral thesis submitted to the University of Oxford. 1974.

Hacker, Arthur. *China Illustrated. Western Views of the Middle Kingdom*. North Clarendon. 2004.

Hibbert, Christopher. *The Illustrated London News : Social History of Victorian Britain*. London ; Angus and Robertson. 1975.

_____. *The World's First Illustrated Newspaper-Introduction*. 1975.

Hoare, J. E. *Britain and Korea 1797~1997*. British Embassy. Korea. 1997.

Hodgson, Pat. *The War Illustrators*. London ; Osprey. 1977.

Hogarth, Paul. *The Artist as Reporter*. London : Gordon Fraser Gallery. 1986.

Jackson, Mason. *The Pictorial Press : Its Origin and Progress*. London : Hurst and Blacknett. 1885.

Johnson, Peter. *Front Line Artists*. London : Cassell. 1978.

Lambert, Anthony J. *Nineteenth-Century Railway history through the Illustrated London News*. Newton Abbot ; North Pomfret. Vt. : David & Charles. 1984.

Prior, Melton. *Campaigns of War Correspondent*. London ; Edward Arnold. 1912.

Roth, Mitchel P. *Historical Dictionary of War Journalism*. Greenwood Press. 1997.

Simpson, William. *Autobiography of William Simpson*, 1903.

Sinnema, Peter W. *Dynamics of the Pictured Page : Representing the nation in the Illustrated London News*. Ashgate. 1998.

Uden, Martin. *Times Past in Korea, An Illustrated Collection of Encounters, Events, Customs and Daily Life Recorded by Foreign Visitors*. London. 2003.

Vann, J. Don (ed.). *Victorian Periodicals and Victorian Society*. University of Toronto Press. 1994.

Villiers, Frederic. *Pictures of Many Wars*. London ; Cassell. 1902.

_____. *Peaceful Personalities and Warriors Bold*. Harper & Brothers. 1907.

_____. *His Five Decades of Adventure*. London ; Harper & Brothers. 1920.

Vitray, Laura. *Pictorial Journalism*. New York. 1939.

Vries, Leonard de. *Panorama 1842~1865 : The world of the early Victorians as seen through the eyes of the Illustrated London*. Boston. 1969.

Williams, C. N. "Illustrated Journalism in England ; Its Origin I-III", "Illustrated Journalism in England: Its Development. I-III." *Magazine of Art*. xiii. 1890.

Wright, H. C. Seppings. *Two Years Under the Crescent*. 1913.

芳賀 徹. 幕末・維新事件帖 (Illustrations and Cartoons of Charles Wirgman. II Events and Characters) Tokyo. 2002.

주

1_ 기모노 입은 창녀들을 조선의 여학생으로 보도하는 오류를 범하고 있다.
2_ 김옥균을 전 영의정으로 잘못 기재한 것이다.
3_ 지게를 진 남자를 여자로 착각한 것이다.
4_ 보도된 인원수나 복장으로 봐서 폄하 또는 과장된 보도다.
5_ 장승을 이정표로 설명하고 있다.
6_ 고종 '이희'를 '이핀Yi-fin'으로 잘못 표기한 것이다. 고종이 그의 아들을 제거하려 했다는 사실 또한 전혀 사실무근의 잘못된 보도다.
7_ 전 평리원 검사 이준, 의정부 참찬 이상설, 전 러시아 공사 이범진의 아들 이위종이라야 맞다.
8_ 러시아 공사관을 황궁으로 잘못 표기한 것이다.

세밀한 일러스트와 희귀 사진으로 본

근대 조선
Korea Illustrated by British Weeklies, 1858~1911

펴낸날	초판 1쇄 2008년 10월 4일
	초판 4쇄 2019년 9월 11일
엮은이	김장춘
펴낸이	심만수
펴낸곳	㈜살림출판사
출판등록	1989년 11월 1일 제9-210호
주소	경기도 파주시 광인사길 30
전화	031-955-1350
팩스	031-624-1356
홈페이지	http://www.sallimbooks.com
이메일	book@sallimbooks.com
ISBN	978-89-522-1000-5 04080
	978-89-522-0855-2 04080(세트)

※ 본 도서에 게재한 삽화 및 사진 자료는 '명지대–LG연암문고'의 도움을 받았습니다.
※ 값은 뒤표지에 있습니다.
※ 잘못 만들어진 책은 구입하신 서점에서 바꾸어 드립니다.